westermann

Joseph von Eichendorff

Aus dem Leben eines Taugenichts

Joseph von Eichendorff (1788–1857).
Zeichnung von Franz Kugler (1808–1858) aus dem Jahre 1832

Joseph von Eichendorff

Aus dem Leben eines Taugenichts

Erstes Kapitel

Das Rad an meines Vaters Mühle brauste und rauschte schon wieder recht lustig, der Schnee tröpfelte emsig vom Dache, die Sperlinge zwitscherten und tummelten sich dazwischen; ich saß auf der Türschwelle und wischte mir den Schlaf aus den Augen, mir war so recht wohl in dem warmen Sonnenscheine. Da trat der Vater aus dem Hause; er hatte schon seit Tagesanbruch in der Mühle rumort und die Schlafmütze schief auf dem Kopfe, der sagte zu mir: »Du Taugenichts! da sonnst du dich schon wieder und dehnst und reckst dir die Knochen müde, und lässt mich alle Arbeit allein tun. Ich kann dich hier nicht länger füttern. Der Frühling ist vor der Türe, geh auch einmal hinaus in die Welt und erwirb dir selber dein Brot.« – »Nun«, sagte ich, »wenn ich ein Taugenichts bin, so ist's gut, so will ich in die Welt gehen und mein Glück machen.« Und eigentlich war mir das recht lieb, denn es war mir kurz vorher selber eingefallen, auf Reisen zu gehn, da ich den Goldammer, der im Herbst und Winter immer betrübt an unserem Fenster sang: »Bauer, miet mich, Bauer miet mich!« nun in der schönen Frühlingszeit wieder ganz stolz und lustig vom Baume rufen hörte: »Bauer, behalt deinen Dienst!« – Ich ging also in das Haus hinein und holte meine Geige, die ich recht artig spielte, von der Wand, mein Vater gab mir noch einige Groschen Geld mit auf den Weg, und so schlenderte ich durch das lange Dorf hinaus. Ich hatte recht meine heimliche Freud', als ich da alle meine alten Bekannten und Kameraden rechts und links, wie gestern und vorgestern und immerdar, zur Arbeit hinausziehen, graben und pflügen sah, während ich so in die freie Welt hinausstrich. Ich rief den armen Leuten nach allen Seiten recht stolz und zufrieden adjes zu, aber es kümmerte sich eben keiner sehr darum. Mir war es wie ein ewiger Sonntag

rumort geräuschvoll hantiert, emsig Lärm gemacht

Goldammer Vogelart; Singvogel

»Bauer, behalt deinen Dienst!« → Seite 115

artig gut, gefällig

Groschen deutsche oder auch polnische Münzen, meist aus Silber und von eher geringem Wert

adjes (von frz. ›adieu‹) Gott befohlen!

im Gemüte. Und als ich endlich ins freie Feld hinauskam, da nahm ich meine liebe Geige vor, und spielte und sang, auf der Landstraße fortgehend:

nahm ich … vor nahm ich … zur Hand

Wem Gott will rechte Gunst erweisen,
Den schickt er in die weite Welt,
Dem will er seine Wunder weisen
In Berg und Wald und Strom und Feld.

Berg In der Erstausgabe der Erzählung steht hier »Feld«, was sicherlich ein Fehler des Autors oder des Setzers ist. Eichendorff hat das Gedicht auch unter dem Titel »Der frohe Wandersmann« veröffentlicht; dort mit der korrigierten vierten Verszeile »In Berg und Wald und Strom und Feld.«

Die Trägen, die zu Hause liegen,
Erquicket nicht das Morgenrot,
Sie wissen nur vom Kinderwiegen
Von Sorgen, Last und Not um Brot.

Die Bächlein von den Bergen springen,
Die Lerchen schwirren hoch vor Lust,
Was sollt' ich nicht mit ihnen singen
Aus voller Kehl und frischer Brust?

Den lieben Gott lass ich nur walten;
Der Bächlein, Lerchen, Wald und Feld
Und Erd' und Himmel will erhalten,
Hat auch mein' Sach' aufs Best' bestellt!

Indem wie Während

Indem wie ich mich so umsehe, kömmt ein köstlicher Reisewagen ganz nahe an mich heran, der mochte wohl schon einige Zeit hinter mir drein gefahren sein, ohne dass ich es merkte, weil mein Herz so voller Klang war, denn es ging ganz langsam, und zwei vornehme Damen steckten die Köpfe aus dem Wagen und hörten mir zu. Die eine war besonders schön und jünger als die andere, aber eigentlich gefielen sie mir alle beide. Als ich nun aufhörte zu singen, ließ die ältere stillhalten und redete mich holdselig an: »Ei, lustiger Gesell,

köstlicher bewundernswerter, schöner

Reisewagen für längere Fahrten ausgestattete Kutsche

hinter mir drein hinter mir her

holdselig charmant, lieblich

Er weiß ja recht hübsche Lieder zu singen.« Ich nicht zu faul dagegen: »Ew. Gnaden aufzuwarten, wüsst' ich noch viel schönere.« Darauf fragte sie mich wieder: »Wohin wandert Er denn schon so am frühen Morgen?« Da schämte ich mich, dass ich das selber nicht wusste, und sagte dreist: »Nach W.«; nun sprachen beide miteinander in einer fremden Sprache, die ich nicht verstand. Die Jüngere schüttelte einige Mal mit dem Kopfe, die andere lachte aber in einem fort und rief mir endlich zu: »Spring Er nur hinten mit auf, wir fahren auch nach W.« Wer war froher als ich! Ich machte einen Reverenz und war mit einem Sprunge hinter dem Wagen, der Kutscher knallte und wir flogen über die glänzende Straße fort, dass mir der Wind am Hute pfiff.

Hinter mir gingen nun Dorf, Gärten und Kirchtürme unter, vor mir neue Dörfer, Schlösser und Berge auf; unter mir Saaten, Büsche und Wiesen bunt vorüberfliegend, über mir unzählige Lerchen in der klaren blauen Luft – ich schämte mich laut zu schreien, aber innerlichst jauchzte ich und strampelte und tanzte auf dem Wagentritt herum, dass ich bald meine Geige verloren hätte, die ich unterm Arme hielt. Wie aber denn die Sonne immer höher stieg, rings am Horizont schwere weiße Mittagswolken aufstiegen, und alles in der Luft und auf der weiten Fläche so leer und schwül und still wurde über den leise wogenden Kornfeldern, da fiel mir erst wieder mein Dorf ein und mein Vater und unsere Mühle, wie es da so heimlich kühl war an dem schattigen Weiher, und dass nun alles so weit, weit hinter mir lag. Mir war dabei so kurios zu Mute, als müsst' ich wieder umkehren; ich steckte meine Geige zwischen Rock und Weste, setzte mich voller Gedanken auf den Wagentritt hin und schlief ein.

Als ich die Augen aufschlug, stand der Wagen still unter hohen Lindenbäumen, hinter denen eine breite Treppe zwischen Säulen in ein prächtiges Schloss führte. Seitwärts

Ich nicht zu faul dagegen Ich entgegnete, nicht um eine Antwort verlegen

Ew. Gnaden aufzuwarten → Seite 115

dreist kühn, beherzt, ungeniert

W. Wien

in einer fremden Sprache wohl auf Französisch, der Sprache des Adels und des Hofes

Reverenz Verbeugung

knallte ... mit der Peitsche

Wagentritt → Seite 115

bald beinahe, fast

denn hier und noch öfter: dann

heimlich anheimelnd, vertraut

Weiher (Fisch-)Teich, kleinen See

kurios seltsam, sonderbar

Rock → Seite 115

durch die Bäume sah ich die Türme von W. Die Damen waren, wie es schien, längst ausgestiegen, die Pferde abgespannt. Ich erschrak sehr, da ich auf einmal so allein saß, und sprang geschwind in das Schloss hinein, da hörte ich von oben aus dem Fenster lachen.

In diesem Schlosse ging es mir wunderlich. Zuerst wie ich mich in der weiten kühlen Vorhalle umschaue, klopft mir jemand mit dem Stocke auf die Schulter. Ich kehre mich schnell herum, da steht ein großer Herr in Staatskleidern, ein breites Bandelier von Gold und Seide bis an die Hüften übergehängt, mit einem oben versilberten Stabe in der Hand, und einer außerordentlich langen gebognen kurfürstlichen Nase im Gesicht, breit und prächtig wie ein aufgeblasener Puter, der mich frägt, was ich hier will. Ich war ganz verblüfft und konnte vor Schreck und Erstaunen nichts hervorbringen. Darauf kamen mehrere Bedienten die Treppe herauf und herunter gerennt, die sagten gar nichts, sondern sahen mich nur von oben bis unten an. Sodann kam eine Kammerjungfer (wie ich nachher hörte) grade auf mich los und sagte: ich wäre ein scharmanter Junge, und die gnädige Herrschaft ließe mich fragen, ob ich hier als Gärtnerbursche dienen wollte? – Ich griff nach der Weste; meine paar Groschen, weiß Gott, sie müssen beim Herumtanzen auf dem Wagen aus der Tasche gesprungen sein, waren weg, ich hatte nichts als mein Geigenspiel, für das mir überdies auch der Herr mit dem Stabe, wie er mir im Vorbeigehn sagte, nicht einen Heller geben wollte. Ich sagte daher in meiner Herzensangst zu der Kammerjungfer: Ja, noch immer die Augen von der Seite auf die unheimliche Gestalt gerichtet, die immerfort wie der Perpendikel einer Turmuhr in der Halle auf und ab wandelte, und eben wieder majestätisch und schauerlich aus dem Hintergrunde heraufgezogen kam. Zuletzt kam endlich der Gärtner, brummte was von Gesindel und Bauerlümmel un-

da hier und noch öfter: als

Staatskleidern → Seite 116

Bandelier Schulterband, Schärpe

Puter männlicher Truthahn

Kammerjungfer → Seite 116

scharmanter bezaubernder, liebenswürdiger (Eindeutschung des französischen ›charmant‹)

Heller → Seite 116

Perpendikel Pendel

term Bart, und führte mich nach dem Garten, während er mir unterwegs noch eine lange Predigt hielt: wie ich nur fein nüchtern und arbeitsam sein, nicht in der Welt herumvagieren, keine brotlosen Künste und unnützes Zeug treiben solle, da könnt ich es mit der Zeit auch einmal zu was Rechtem bringen. – Es waren noch mehr sehr hübsche, gutgesetzte, nützliche Lehren, ich habe nur seitdem fast alles wieder vergessen. Überhaupt weiß ich eigentlich gar nicht recht, wie doch alles so gekommen war, ich sagte nur immerfort zu allem: Ja, – denn mir war wie einem Vogel, dem die Flügel begossen worden sind. – So war ich denn, Gott sei Dank, im Brote. –

In dem Garten war schön leben, ich hatte täglich mein warmes Essen vollauf, und mehr Geld als ich zu Weine brauchte, nur hatte ich leider ziemlich viel zu tun. Auch die Tempel, Lauben und schönen grünen Gänge, das gefiel mir alles recht gut, wenn ich nur hätte ruhig drin herumspazieren können und vernünftig diskurrieren, wie die Herren und Damen, die alle Tage dahin kamen. Sooft der Gärtner fort und ich allein war, zog ich sogleich mein kurzes Tabakspfeifchen heraus, setzte mich hin, und sann auf schöne höfliche Redensarten, wie ich die eine junge schöne Dame, die mich in das Schloss mitbrachte, unterhalten wollte, wenn ich ein Kavalier wäre und mit ihr hier herumginge. Oder ich legte mich an schwülen Nachmittagen auf den Rücken hin, wenn alles so still war, dass man nur die Bienen sumsen hörte, und sah zu wie über mir die Wolken nach meinem Dorfe zuflogen und die Gräser und Blumen sich hin und her bewegten, und gedachte an die Dame, und da geschah es denn oft, dass die schöne Frau mit der Gitarre oder einem Buche in der Ferne wirklich durch den Garten zog, so still, groß und freundlich wie ein Engelsbild, so dass ich nicht recht wusste, ob ich träumte oder wachte.

brummte … unterm Bart murmelte unverständlich … vor sich hin

herumvagieren sinn- und ziellos umherziehen

war ich … im Brote → Seite 116

Gänge Wege

diskurrieren sich angeregt unterhalten, diskutieren

sann auf überlegte mir, dachte mir aus

Kavalier → Seite 116

Lusthause »zu einem Vergnügungsaufenthalt gedachtes Haus auf dem Landgut oder im Garten« (Jacob und Wilhelm Grimm, Deutsches Wörterbuch)

für vor

Fraue altertümelnder, poetischer Sprachgebrauch, übernommen aus den mittelhochdeutschen Minnegesängen mit ihrer Grundkonstellation des unglücklich liebenden Ritters bzw. Sängers, der sich uneingeschränkt in den Dienst der verehrten (gesellschaftlich über ihm stehenden) Dame stellt

So sang ich auch einmal, wie ich eben bei einem Lusthause zur Arbeit vorbeiging, für mich hin:

Wohin ich geh und schaue,
In Feld und Wald und Tal,
Vom Berg ins Himmelsblaue,
Vielschöne gnäd'ge Fraue,
Grüß ich dich tausendmal.

Da seh ich aus dem dunkelkühlen Lusthause zwischen den halbgeöffneten Jalousien und Blumen, die dort standen, zwei schöne junge frische Augen hervorfunkeln. Ich war ganz erschrocken, ich sang das Lied nicht aus, sondern ging, ohne mich umzusehen, fort an die Arbeit.

Abends, es war grade an einem Sonnabend, und ich stand eben in der Vorfreude kommenden Sonntags mit der Geige im Gartenhause am Fenster und dachte noch an die funkelnden Augen, da kommt auf einmal die Kammerjungfer durch die Dämmerung dahergestrichen. »Da schickt Euch die vielschöne gnädige Frau was, das sollt Ihr auf ihre Gesundheit trinken. Eine gute Nacht auch!« Damit setzte sie mir fix eine Flasche Wein aufs Fenster und war sogleich wieder zwischen den Blumen und Hecken verschwunden, wie eine Eidechse.

Ich aber stand noch lange vor der wundersamen Flasche, und wusste nicht wie mir geschehen war. – Und hatte ich vorher lustig die Geige gestrichen, so spielt' und sang ich jetzt erst recht, und sang das Lied von der schönen Frau ganz aus und alle meine Lieder, die ich nur wusste, bis alle Nachtigallen draußen erwachten und Mond und Sterne schon lange über dem Garten standen. Ja, das war einmal eine gute schöne Nacht!

Es wird keinem an der Wiege gesungen, was künftig aus ihm wird, eine blinde Henne find't manchmal auch ein Korn, wer zuletzt lacht, lacht am besten, unverhofft kommt oft, der Mensch denkt und Gott lenkt, so meditiert' ich, als ich am folgenden Tage wieder mit meiner Pfeife im Garten saß und es mir dabei, da ich so aufmerksam an mir heruntersah, fast vorkommen wollte, als wäre ich doch eigentlich ein rechter Lump. – Ich stand nunmehr, ganz wider meine sonstige Gewohnheit, alle Tage sehr zeitig auf, eh sich noch der Gärtner und die andern Arbeiter rührten. Da war es so wunderschön draußen im Garten. Die Blumen, die Springbrunnen, die Rosenbüsche und der ganze Garten funkelten von der Morgensonne wie lauter Gold und Edelstein. Und in den hohen Buchenalleen, da war es noch so still, kühl und andächtig wie in einer Kirche, nur die Vögel flatterten und pickten auf dem Sande. Gleich vor dem Schlosse, grade unter den Fenstern, wo die schöne Frau wohnte, war ein blühender Strauch. Dorthin ging ich dann immer am frühesten Morgen und duckte mich hinter die Äste, um so nach den Fenstern zu sehen, denn mich im Freien zu produzieren hatt' ich keine Courage. Da sah ich nun allemal die allerschönste Dame noch heiß und halb verschlafen im schneeweißen Kleide an das offne Fenster hervortreten. Bald flocht sie sich die dunkelbraunen Haare und ließ dabei die anmutig spielenden Augen über Busch und Garten ergehen, bald bog und band sie die Blumen, die vor ihrem Fenster standen, oder sie nahm auch die Gitarre in den weißen Arm und sang dazu so wundersam über den Garten hinaus, dass sich mir noch das Herz umwenden will vor Wehmut, wenn mir eins von den Liedern bisweilen einfällt – und ach das alles ist schon lange her!

meditiert' ich dachte ich bei mir

mich … zu produzieren mich … zu zeigen

Courage (frz.) Mut

Bald … bald Zuweilen … bei anderer Gelegenheit

in den weißen Arm → Seite 116

So dauerte das wohl über eine Woche. Aber das eine Mal, sie stand grade wieder am Fenster und alles war stille ringsumher, fliegt mir eine fatale Fliege in die Nase und ich gebe mich an ein erschreckliches Niesen, das gar nicht enden will.

fatale (frz.) verhängnisvolle

gebe mich an verfalle in

Sie legt sich weit zum Fenster hinaus und sieht mich Ärmsten hinter dem Strauche lauschen. – Nun schämte ich mich und kam viele Tage nicht hin.

Endlich wagte ich es wieder, aber das Fenster blieb diesmal zu, ich saß vier, fünf, sechs Morgen hinter dem Strauche, aber sie kam nicht wieder ans Fenster. Da wurde mir die Zeit lang, ich fasste ein Herz und ging nun alle Morgen frank und frei längs dem Schlosse unter allen Fenstern hin. Aber die liebe schöne Frau blieb immer und immer aus. Eine Strecke weiter sah ich dann immer die andere Dame am Fenster stehn. Ich hatte sie sonst so genau noch niemals gesehen. Sie war wahrhaftig recht schön rot und dick und gar prächtig und hoffärtig anzusehn, wie eine Tulipane. Ich machte ihr immer ein tiefes Kompliment, und, ich kann nicht anders sagen, sie dankte mir jedesmal und nickte und blinzelte mit den Augen dazu ganz außerordentlich höflich. – Nur ein einziges Mal glaub ich gesehn zu haben, dass auch die Schöne an ihrem Fenster hinter der Gardine stand und versteckt hervorguckte. –

Viele Tage gingen jedoch ins Land, ohne dass ich sie sah. Sie kam nicht mehr in den Garten, sie kam nicht mehr ans Fenster. Der Gärtner schalt mich einen faulen Bengel, ich war verdrüßlich, meine eigne Nasenspitze war mir im Wege, wenn ich in Gottes freie Welt hinaussah.

So lag ich eines Sonntags Nachmittag im Garten und ärgerte mich, wie ich so in die blauen Wolken meiner Tabakspfeife hinaussah, dass ich mich nicht auf ein anderes Handwerk gelegt, und mich also morgen nicht auch wenigstens auf einen blauen Montag zu freuen hätte. Die andern Bursche waren indes alle wohlausstaffiert nach den Tanzböden in der nahen Vorstadt hinausgezogen. Da wallte und wogte alles im Sonntagsputze in der warmen Luft zwischen den lichten Häusern und wandernden Leierkasten schwärmend

frank und frei ganz offen, ohne Scheu

hoffärtig stolz, hochmütig

Tulipane Tulpe

tiefes Kompliment tiefe Verbeugung, als Geste der Ehrerbietung

verdrüßlich voll Verdruss, unmutig

mich nicht auf ein anderes Handwerk gelegt kein anderes Handwerk bzw. keine andere Tätigkeit gewählt hatte

blauen Montag arbeitsfreien Montag

wohlausstaffiert herausgeputzt, sonntäglich gekleidet

im Sonntagsputze in der (feinen) Sonntagskleidung

lichten beleuchteten, erleuchteten

wandernden Leierkasten umherziehenden Musikanten mit Leierkästen

hin und zurück. Ich aber saß wie ein Rohrdommel im Schilfe eines einsamen Weihers im Garten und schaukelte mich auf dem Kahne, der dort angebunden war, während die Vesperglocken aus der Stadt über den Garten herüberschallten und die Schwäne auf dem Wasser langsam neben mir hin und her zogen. Mir war zum Sterben bange. –

Rohrdommel
→ Seite 116

Vesperglocken
Abendglocken

Währenddes hörte ich von Weitem allerlei Stimmen, lustiges Durcheinandersprechen und Lachen, immer näher und näher, dann schimmerten rot' und weiße Tücher, Hüte und Federn durchs Grüne, auf einmal kommt ein heller lichter Haufen von jungen Herren und Damen vom Schlosse über die Wiese auf mich los, meine beiden Damen mitten unter ihnen. Ich stand auf und wollte weggehen, da erblickte mich die ältere von den schönen Damen. »Ei, das ist ja wie gerufen«, rief sie mir mit lachendem Munde zu, »fahr Er uns doch an das jenseitige Ufer über den Teich!« Die Damen stiegen nun eine nach der andern vorsichtig und furchtsam in den Kahn, die Herren halfen ihnen dabei und machten sich ein wenig groß mit ihrer Kühnheit auf dem Wasser. Als sich darauf die Frauen alle auf die Seitenbänke gelagert hatten, stieß ich vom Ufer. Einer von den jungen Herren, der ganz vorn stand, fing unmerklich an zu schaukeln. Da wandten sich die Damen furchtsam hin und her, einige schrien gar. Die schöne Frau welche eine Lilie in der Hand hielt, saß dicht am Bord des Schiffleins und sah stilllächelnd in die klaren Wellen hinunter, die sie mit der Lilie berührte, so dass ihr ganzes Bild zwischen den widerscheinenden Wolken und Bäumen im Wasser noch einmal zu sehen war, wie ein Engel, der leise durch den tiefen blauen Himmelsgrund zieht.

Wie ich noch so auf sie hinsehe, fällt's auf einmal der andern lustigen Dicken von meinen zwei Damen ein, ich sollte ihr während der Fahrt eins singen. Geschwind dreht sich ein sehr zierlicher junger Herr mit einer Brille auf der Nase, der neben ihr saß, zu ihr herum, küsst ihr sanft die Hand und sagt: »Ich danke Ihnen für den sinnigen Einfall! ein Volkslied, *gesungen* vom Volk in freiem Feld und Wald, ist ein Alpenröslein auf der Alpe selbst, – die Wunderhörner sind nur Herbarien, – ist die Seele der Nationalseele.« Ich aber sagte, ich wisse nichts zu singen, was für solche Herrschaften schön genug wäre. Da sagte die schnippische Kammerjungfer, die mit einem Korbe voll Tassen und Flaschen hart neben mir stand und die ich bis jetzt noch gar nicht bemerkt hatte: »Weiß Er doch ein recht hübsches Liedchen von einer vielschönen Fraue.« – »Ja, ja, das sing Er nur recht dreist weg«, rief darauf sogleich die Dame wieder. Ich wurde über und über rot. – Indem blickte auch die schöne Frau auf einmal vom Wasser auf, und sah mich an, dass es mir durch Leib und Seele ging. Da besann ich mich nicht lange, fasst' ein Herz, und sang so recht aus voller Brust und Lust:

Wunderhörner → Seite 116

Herbarien Sammlungen gepresster Pflanzen und Pflanzenteile

hart dicht

Indem Unterdessen, währenddessen

Wohin ich geh und schaue,
In Feld und Wald und Tal
Vom Berg hinab in die Aue:
Vielschöne, hohe Fraue,
Grüß ich dich tausendmal.

In meinem Garten find ich
Viel Blumen, schön und fein,
Viel Kränze wohl draus wind ich,
Und tausend Gedanken bind ich
Und Grüße mit darein.

Ihr darf ich keinen reichen,
Sie ist zu hoch und schön,
Die müssen alle verbleichen,

Aue Niederung, Uferlandschaft entlang eines Baches oder Flusses

Die Liebe nur ohnegleichen
Bleibt ewig im Herzen stehn.

Ich schein' wohl froher Dinge
Und schaffe auf und ab,
Und, ob das Herz zerspringe,
Ich grabe fort und singe
Und grab mir bald mein Grab.

ob ... zerspringe auch wenn ... zerspringt

Wir stießen ans Land, die Herrschaften stiegen alle aus, viele von den jungen Herren hatten mich, ich bemerkt' es wohl, während ich sang mit listigen Mienen und Flüstern verspottet vor den Damen. Der Herr mit der Brille fasste mich im Weggehen bei der Hand und sagte mir, ich weiß selbst nicht mehr was, die ältere von meinen Damen sah mich sehr freundlich an. Die schöne Frau hatte während meines ganzen Liedes die Augen niedergeschlagen und ging nun auch fort und sagte gar nichts. – Mir aber standen die Tränen in den Augen schon wie ich noch sang, das Herz wollte mir zerspringen von dem Liede vor Scham und vor Schmerz, es fiel mir jetzt auf einmal alles recht ein, wie *Sie* so schön ist und ich so arm bin und verspottet und verlassen von der Welt, – und als sie alle hinter den Büschen verschwunden waren, da konnt' ich mich nicht länger halten, ich warf mich in das Gras hin und weinte bitterlich.

Mienen Mienenspielen, Grimassen

Zweites Kapitel

Dicht am herrschaftlichen Garten ging die Landstraße vorüber, nur durch eine hohe Mauer von demselben geschieden. Ein gar sauberes Zollhäuschen mit rotem Ziegeldache

Zollhäuschen → Seite 117

war da erbaut, und hinter demselben ein kleines buntumzäuntes Blumengärtchen, das durch eine Lücke in der Mauer des Schlossgartens hindurch an den schattigsten und verborgensten Teil des letzteren stieß. Dort war eben der Zolleinnehmer gestorben, der das alles sonst bewohnte. Da kam des einen Morgens frühzeitig, da ich noch im tiefsten Schlafe lag, der Schreiber vom Schlosse zu mir und rief mich schleunigst zum Herrn Amtmann. Ich zog mich geschwind an und schlenderte hinter dem luftigen Schreiber her, der unterwegs bald da bald dort eine Blume abbrach und vorn an den Rock steckte, bald mit seinem Spazierstöckchen künstlich in der Luft herumfocht und allerlei zu mir in den Wind hineinparlierte, wovon ich aber nichts verstand, weil mir die Augen und Ohren noch voller Schlaf lagen. Als ich in die Kanzlei trat, wo es noch gar nicht recht Tag war, sah der Amtmann hinter einem ungeheuren Dintenfasse und Stößen von Papier und Büchern und einer ansehnlichen Perücke, wie die Eule aus ihrem Nest, auf mich und hob an: »Wie heißt Er? Woher ist Er? Kann Er schreiben, lesen und rechnen?« Da ich das bejahte, versetzte er: »Na, die gnädige Herrschaft hat Ihm, in Betrachtung Seiner guten Aufführung und besondern Meriten, die ledige Einnehmerstelle zugedacht.« – Ich überdachte in der Geschwindigkeit für mich meine bisherige Aufführung und Manieren, und ich musste gestehen, ich fand am Ende selber, dass der Amtmann recht hatte. – Und so war ich denn wirklich Zolleinnehmer, ehe ich mich's versah.

Ich bezog nun sogleich meine neue Wohnung und war in kurzer Zeit eingerichtet. Ich hatte noch mehrere Gerätschaften gefunden, die der selige Einnehmer seinem Nachfolger hinterlassen, unter andern einen prächtigen roten Schlafrock mit gelben Punkten, grüne Pantoffeln, eine Schlafmütze und einige Pfeifen mit langen Röhren. Das alles hatte ich mir schon einmal gewünscht als ich noch zu Hause war, wo ich

Amtmann (Schloss-)Verwalter

luftigen flinken, leichtfüßigen

künstlich geschickt, kunstvoll

hineinparlierte → Seite 117

Kanzlei Büro (des Verwalters), Geschäftsstelle

Dintenfasse Tintenfass

ansehnlichen beachtlichen, stattlichen

Perücke → Seite 117

hob an fing an (zu sprechen)

Er förmliche Anrede gegenüber niedriger gestellten Personen (vgl. bereits S. 7, Z. 1–10)

Aufführung Benehmen, Betragen

Meriten (lat.) Verdienste

ledige Einnehmerstelle freie, unbesetzte Stelle des Zolleinnehmers

immer unsern Pfarrer so kommode herumgehen sah. Den ganzen Tag (zu tun hatte ich weiter nichts) saß ich daher auf dem Bänkchen vor meinem Hause in Schlafrock und Schlafmütze, rauchte Tabak aus dem längsten Rohre, das ich nach dem seligen Einnehmer gefunden hatte, und sah zu, wie die Leute auf der Landstraße hin und her gingen, fuhren und ritten. Ich wünschte nur immer, dass auch einmal ein paar Leute aus meinem Dorfe, die immer sagten, aus mir würde mein Lebtage nichts, hier vorüberkommen und mich so sehen möchten. – Der Schlafrock stand mir schön zu Gesichte, und überhaupt das alles behagte mir sehr gut. So saß ich denn da und dachte mir mancherlei hin und her, wie aller Anfang schwer ist, wie das vornehmere Leben doch eigentlich recht kommode sei, und fasste heimlich den Entschluss, nunmehr alles Reisen zu lassen, auch Geld zu sparen wie die andern, und es mit der Zeit gewiss zu etwas Großem in der Welt zu bringen. Inzwischen vergaß ich über meinen Entschlüssen, Sorgen und Geschäften die allerschönste Frau keineswegs.

Die Kartoffeln und anderes Gemüse, das ich in meinem kleinen Gärtchen fand, warf ich hinaus und bebaute es ganz mit den auserlesensten Blumen, worüber mich der Portier vom Schlosse mit der großen kurfürstlichen Nase, der, seitdem ich hier wohnte, oft zu mir kam und mein intimer Freund geworden war, bedenklich von der Seite ansah, und mich für einen hielt, den sein plötzliches Glück verrückt gemacht hätte. Ich aber ließ mich das nicht anfechten. Denn nicht weit von mir im herrschaftlichen Garten hörte ich feine Stimmen sprechen, unter denen ich die meiner schönen Frau zu erkennen meinte, obgleich ich wegen des dichten Gebüsches niemand sehen konnte. Da band ich denn alle Tage einen Strauß von den schönsten Blumen die ich hatte, stieg jeden Abend, wenn es dunkel wurde, über die Mauer und legte ihn auf einen steinernen Tisch hin, der dort inmit-

kommode (frz.) bequem

nach dem seligen Einnehmer im nachgelassenen Besitz des verstorbenen Einnehmers

möchten würden

Portier Bedienter, der sich um eintreffende Gäste und die Ordnung des Hauswesens kümmert

intimer enger, vertrauter

ließ mich das nicht anfechten ließ mich davon nicht beeindrucken, nahm mir das nicht zu Herzen

Laube Pavillon, Gartenhäuschen

ten einer Laube stand; und jeden Abend wenn ich den neuen Strauß brachte, war der alte von dem Tische fort.

Eines Abends war die Herrschaft auf die Jagd geritten; die Sonne ging eben unter und bedeckte das ganze Land mit Glanz und Schimmer, die Donau schlängelte sich prächtig wie von lauter Gold und Feuer in die weite Ferne, von allen Bergen bis tief ins Land hinein sangen und jauchzten die Winzer. Ich saß mit dem Portier auf dem Bänkchen vor meinem Hause, und freute mich in der lauen Luft, und wie der lustige Tag so langsam vor uns verdunkelte und verhallte. Da ließen sich auf einmal die Hörner der zurückkehrenden Jäger von ferne vernehmen, die von den Bergen gegenüber einander von Zeit zu Zeit lieblich Antwort gaben. Ich war recht im innersten Herzen vergnügt und sprang auf und rief wie bezaubert und verzückt vor Lust: »Nein, das ist mir doch ein Metier, die edle Jägerei!« Der Portier aber klopfte sich ruhig die Pfeife aus und sagte: »Das denkt Ihr Euch just so. Ich habe es auch mitgemacht, man verdient sich kaum die Sohlen, die man sich abläuft; und Husten und Schnupfen wird man erst gar nicht los, das kommt von den ewig nassen Füßen.« – Ich weiß nicht, mich packte da ein närrischer Zorn, dass ich ordentlich am ganzen Leibe zitterte. Mir war auf einmal der ganze Kerl mit seinem langweiligen Mantel, die ewigen Füße, sein Tabaksschnupfen, die große Nase und alles abscheulich. – Ich fasste ihn, wie außer mir, bei der Brust und sagte: »Portier, jetzt schert Ihr Euch nach Hause, oder ich prügle Euch hier sogleich durch!« Den Portier überfiel bei diesen Worten seine alte Meinung, ich wäre verrückt geworden. Er sah mich bedenklich und mit heimlicher Furcht an, machte sich, ohne ein Wort zu sprechen, von mir los und ging, immer noch unheimlich nach mir zurückblickend, mit langen Schritten nach dem Schlosse, wo er atemlos aussagte, ich sei nun wirklich rasend geworden.

Metier (frz.) Beruf(sstand), Handwerk

just eben, jetzt, gerade

ordentlich geradezu, regelrecht

wie außer mir wie von Sinnen

unheimlich mit ängstlichem Befremden

Ich aber musste am Ende laut auflachen und war herzlich froh, den superklugen Gesellen los zu sein, denn es war grade die Zeit, wo ich den Blumenstrauß immer in die Laube zu legen pflegte. Ich sprang auch heute schnell über die Mauer und ging eben auf das steinerne Tischchen los, als ich in einiger Entfernung Pferdetritte vernahm. Entspringen konnt' ich nicht mehr, denn schon kam meine schöne gnädige Frau selber, in einem grünen Jagdhabit und mit nickenden Federn auf dem Hute, langsam und wie es schien in tiefen Gedanken die Allee herabgeritten. Es war mir nicht anders zu Mute, als da ich sonst in den alten Büchern bei meinem Vater von der schönen Magelone gelesen, wie sie so zwischen den immer näher schallenden Waldhornsklängen und wechselnden Abendlichtern unter den hohen Bäumen hervorkam, – ich konnte nicht vom Fleck. Sie aber erschrak heftig, als sie mich auf einmal gewahr wurde, und hielt fast unwillkürlich still. Ich war wie betrunken vor Angst, Herzklopfen und großer Freude, und da ich bemerkte, dass sie wirklich meinen Blumenstrauß von gestern an der Brust hatte, konnte ich mich nicht länger halten, sondern sagte ganz verwirrt: »Schönste gnädige Frau, nehmt auch noch diesen Blumenstrauß von mir, und alle Blumen aus meinem Garten und alles was ich habe. Ach könnt' ich nur für Euch ins Feuer springen!« – Sie hatte mich gleich anfangs so ernsthaft und fast böse angeblickt, dass es mir durch Mark und Bein ging, dann aber hielt sie, solange ich redete, die Augen tief niedergeschlagen. Soeben ließen sich einige Reiter und Stimmen im Gebüsch hören. Da ergriff sie schnell den Strauß aus meiner Hand und war bald, ohne ein Wort zu sagen, am andern Ende des Bogenganges verschwunden.

superklugen altklugen, oberschlauen

ging eben auf … los ging gerade auf … zu

Jagdhabit Jagdkleid, Jägergewand (frz. ›habit‹: ›Kleidungsstück‹)

schönen Magelone → Seite 117

Waldhornsklängen (vgl. ›Waldhorn‹, S. 90 und 125)

gewahr wurde bemerkte, wahrnahm

Seit diesem Abend hatte ich weder Ruh noch Rast mehr. Es war mir beständig zu Mute wie sonst immer, wenn der Frühling anfangen sollte, so unruhig und fröhlich, ohne dass ich wusste warum, als stünde mir ein großes Glück oder sonst etwas Außerordentliches bevor. Besonders das fatale Rechnen wollte mir nun erst gar nicht mehr von der Hand, und ich hatte, wenn der Sonnenschein durch den Kastanienbaum vor dem Fenster grüngolden auf die Ziffern fiel, und so fix vom Transport bis zum Latus und wieder hinauf und hinab addierte, gar seltsame Gedanken dabei, so dass ich manchmal ganz verwirrt wurde, und wahrhaftig nicht bis drei zählen konnte. Denn die Acht kam mir immer vor wie meine dicke enggeschnürte Dame mit dem breiten Kopfputz, die böse Sieben war gar wie ein ewig rückwärts zeigender Wegweiser oder Galgen. – Am meisten Spaß machte mir noch die Neun, die sich mir so oft, eh ich mich's versah, lustig als Sechs auf den Kopf stellte, während die Zwei wie ein Fragezeichen so pfiffig dreinsah, als wollte sie mich fragen: Wo soll das am Ende noch hinaus mit dir, du arme Null? Ohne *Sie*, diese schlanke Eins und Alles, bleibst du doch ewig Nichts!

vom Transport bis zum Latus → Seite 117

Kopfputz Kopfbedeckung als Kopfschmuck

Auch das Sitzen draußen vor der Tür wollte mir nicht mehr behagen. Ich nahm mir, um es kommoder zu haben, einen Schemel mit heraus und streckte die Füße darauf, ich flickte ein altes Parasol vom Einnehmer, und steckte es gegen die Sonne wie ein chinesisches Lusthaus über mich. Aber es half nichts. Es schien mir, wie ich so saß und rauchte und spekulierte, als würden mir allmählich die Beine immer länger vor Langerweile, und die Nase wüchse mir vom Nichtstun, wenn ich so stundenlang an ihr heruntersah. – Und wenn denn manchmal noch vor Tagesanbruch eine Extrapost vorbeikam, und ich trat halb verschlafen in die kühle Luft hinaus, und ein niedliches Gesichtchen, von dem man in der Dämmerung nur die funkelnden Augen sah, bog sich neugierig zum Wagen hervor und bot mir freundlich einen guten Morgen, in den Dörfern aber ringsumher krähten die

Parasol (frz.) Sonnenschirm

chinesisches Lusthaus Gartenhaus bzw. Gartenpavillon in chinesischem Stil

spekulierte nachdachte, philosophierte

Extrapost → Seite 117

zum Wagen hervor zum Wagenfenster heraus

Hähne so frisch über die leisewogenden Kornfelder herüber, und zwischen den Morgenstreifen hoch am Himmel schweiften schon einzelne zu früh erwachte Lerchen, und der Postillon nahm dann sein Posthorn und fuhr weiter und blies und blies – da stand ich lange und sah dem Wagen nach, und es war mir nicht anders, als müsst' ich nur sogleich mit fort, weit, weit in die Welt. –

Postillon (frz.) Postkutscher

Meine Blumensträuße legte ich indes immer noch, sobald die Sonne unterging, auf den steinernen Tisch in der dunkeln Laube. Aber das war es eben: damit war es nun aus seit jenem Abend. – Kein Mensch kümmerte sich darum: sooft ich des Morgens frühzeitig nachsah, lagen die Blumen noch immer da wie gestern, und sahen mich mit ihren verwelkten, niederhängenden Köpfchen und darauf stehenden Tautropfen ordentlich betrübt an, als ob sie weinten. – Das verdross mich sehr. Ich band gar keinen Strauß mehr. In meinem Garten mochte nun auch das Unkraut treiben wie es wollte, und die Blumen ließ ich ruhig stehn und wachsen bis der Wind die Blätter verwehte. War mir's doch ebenso wild und bunt und verstört im Herzen.

In diesen kritischen Zeitläuften geschah es denn, dass einmal, als ich eben zu Hause im Fenster liege und verdrüßlich in die leere Luft hinaussehe, die Kammerjungfer vom Schlosse über die Straße dahergetrippelt kommt. Sie lenkte, da sie mich erblickte, schnell zu mir ein und blieb am Fenster stehen. – »Der gnädige Herr ist gestern von seiner Reise zurückgekommen«, sagte sie eilfertig. »So?« entgegnete ich verwundert – denn ich hatte mich schon seit einigen Wochen um nichts bekümmert, und wusste nicht einmal, dass der Herr auf Reisen war –, »da wird seine Tochter, die junge gnädige Frau, auch große Freude gehabt haben.« – Die Kammerjungfer sah mich kurios von oben bis unten an, so dass ich mich ordentlich selber besinnen musste, ob ich was

Zeitläuften Zeiten, Phasen

eilfertig eifrig, beflissen

kurios neugierig (von frz. ›curieux‹: ›neugierig, seltsam‹)

Dummes gesagt hätte. – »Er weiß aber auch gar nichts«, sagte sie endlich und rümpfte das kleine Näschen. »Nun«, fuhr sie fort, »es soll heute Abend dem Herrn zu Ehren Tanz im Schlosse sein und Maskerade. Meine gnädige Frau wird auch maskiert sein, als Gärtnerin – versteht Er auch recht – als Gärtnerin. Nun hat die gnädige Frau gesehen, dass Er besonders schöne Blumen hat in seinem Garten.« – Das ist seltsam, dachte ich bei mir selbst, man sieht doch jetzt fast keine Blumen mehr vor Unkraut. – Sie aber fuhr fort: »Da nun die gnädige Frau schöne Blumen zu ihrem Anzuge braucht, aber ganz frische, die eben vom Beete kommen, so soll Er ihr welche bringen und heute Abend, wenn's dunkel geworden ist, damit unter dem großen Birnbaum im Schlossgarten warten, da wird sie dann kommen und die Blumen abholen.«

Ich war ganz verblüfft vor Freude über diese Nachricht, und lief in meiner Entzückung vom Fenster zu der Kammerjungfer hinaus. –

»Pfui, der garstige Schlafrock!« rief diese aus, da sie mich auf einmal so in meinem Aufzuge im Freien sah. Das ärgerte mich, ich wollte auch nicht dahinterbleiben in der Galanterie, und machte einige artige Kapriolen, um sie zu erhaschen und zu küssen. Aber unglücklicherweise verwickelte sich mir dabei der Schlafrock, der mir viel zu lang war, unter den Füßen, und ich fiel der Länge nach auf die Erde. Als ich mich wieder zusammenraffte, war die Kammerjungfer schon weit fort, und ich hörte sie noch von ferne lachen, dass sie sich die Seiten halten musste.

dahinterbleiben zurückbleiben

Galanterie → Seite 117

artige Kapriolen formvollendete Luftsprünge

Nun aber hatt' ich was zu sinnen und mich zu freuen. Sie dachte ja noch immer an mich und meine Blumen! Ich ging in mein Gärtchen und riss hastig alles Unkraut von den Beeten, und warf es hoch über meinen Kopf weg in die schimmernde Luft, als zög ich alle Übel und Melancholie mit der Wurzel heraus. Die Rosen waren nun wieder wie *ihr* Mund,

zu sinnen nachzudenken, zu überlegen

Melancholie Schwermut

die himmelblauen Winden wie ihre Augen, die schneeweiße Lilie mit ihrem schwermütig gesenkten Köpfchen sah ganz aus wie *Sie*. Ich legte alle sorgfältig in einem Körbchen zusammen. Es war ein stiller schöner Abend und kein Wölkchen am Himmel. Einzelne Sterne traten schon am Firmamente hervor, von Weitem rauschte die Donau über die Felder herüber, in den hohen Bäumen im herrschaftlichen Garten neben mir sangen unzählige Vögel lustig durcheinander. Ach, ich war so glücklich!

Winden Windengewächse, Blumen aus der Ordnung der Nachtschattenartigen

Firmamente poetisch für Himmel(sgewölbe)

Als endlich die Nacht hereinbrach, nahm ich mein Körbchen an den Arm und machte mich auf den Weg nach dem großen Garten. In dem Körbchen lag alles so bunt und anmutig durcheinander, weiß, rot, blau und duftig, dass mir ordentlich das Herz lachte, wenn ich hineinsah.

Ich ging voller fröhlicher Gedanken bei dem schönen Mondschein durch die stillen, reinlich mit Sand bestreuten Gänge über die kleinen weißen Brücken, unter denen die Schwäne eingeschlafen auf dem Wasser saßen, an den zierlichen Lauben und Lusthäusern vorüber. Den großen Birnbaum hatte ich gar bald aufgefunden, denn es war derselbe, unter dem ich sonst, als ich noch Gärtnerbursche war, an schwülen Nachmittagen gelegen.

Hier war es so einsam dunkel. Nur eine hohe Espe zitterte und flüsterte mit ihren silbernen Blättern in einem fort. Vom Schlosse schallte manchmal die Tanzmusik herüber. Auch Menschenstimmen hörte ich zuweilen im Garten, die kamen oft ganz nahe an mich heran, dann wurde es auf einmal wieder ganz still.

Espe auch Zitterpappel; durch die Länge der Blattstiele und ihre seitliche Abflachung bewegen sich die Blätter der Espe schon bei geringem Luftzug, sodass man den Eindruck gewinnen kann, sie würden ›zittern‹.

Mir klopfte das Herz. Es war mir schauerlich und seltsam zu Mute, als wenn ich jemanden bestehlen wollte. Ich stand lange Zeit stockstill an den Baum gelehnt und lauschte nach allen Seiten, da aber immer niemand kam, konnt' ich es nicht länger aushalten. Ich hing mein Körbchen an den Arm und kletterte schnell auf den Birnbaum hinauf, um wieder im Freien Luft zu schöpfen.

übersah überblickte

geputzte herausgeputzte, festlich zurechtgemachte

walzten tanzten (Walzer), drehten sich

Da droben schallte mir die Tanzmusik erst recht über die Wipfel entgegen. Ich übersah den ganzen Garten und grade in die hellerleuchteten Fenster des Schlosses hinein. Dort drehten sich die Kronleuchter langsam wie Kränze von Sternen, unzählige geputzte Herren und Damen, wie in einem Schattenspiele, wogten und walzten und wirrten da bunt und unkenntlich durcheinander, manchmal legten sich welche ins Fenster und sahen hinunter in den Garten. Draußen vor dem Schlosse aber waren der Rasen, die Sträucher und die Bäume von den vielen Lichtern aus dem Saale wie vergoldet, so dass ordentlich die Blumen und die Vögel aufzuwachen schienen. Weiterhin um mich herum und hinter mir lag der Garten so schwarz und still.

Da tanzt *Sie* nun, dacht' ich in dem Baume droben bei mir selber, und hat gewiss lange wieder dich und deine Blumen vergessen. Alles ist so fröhlich, um dich kümmert sich kein Mensch. – Und so geht es mir überall und immer. Jeder hat sein Plätzchen auf der Erde ausgesteckt, hat seinen warmen Ofen, seine Tasse Kaffee, seine Frau, sein Glas Wein zu Abend, und ist so recht zufrieden; selbst dem Portier ist ganz wohl in seiner langen Haut. – Mir ist's nirgends recht. Es ist, als wäre ich überall eben zu spät gekommen, als hätte die ganze Welt gar nicht auf mich gerechnet. –

Wie ich eben so philosophiere, höre ich auf einmal unten im Grase etwas einherrascheln. Zwei feine Stimmen sprachen ganz nahe und leise miteinander. Bald darauf bogen sich die Zweige in dem Gesträuch auseinander, und die Kammerjungfer steckte ihr kleines Gesichtchen, sich nach allen Seiten umsehend, zwischen der Laube hindurch. Der Mondschein funkelte recht auf ihren pfiffigen Augen, wie sie hervorguckten. Ich hielt den Atem an mich und blickte unverwandt hinunter. Es dauerte auch nicht lange, so trat wirklich die Gärtnerin, ganz so wie mir sie die Kammerjungfer gestern beschrieben hatte, zwischen den Bäumen heraus. Mein Herz klopfte mir zum Zerspringen. Sie aber hatte eine Larve vor und sah sich, wie mir schien, verwundert auf dem Platze um. – Da wollt's mir vorkommen, als wäre sie gar nicht recht schlank und niedlich. – Endlich trat sie ganz nahe an den Baum und nahm die Larve ab. – Es war wahrhaftig die andere ältere gnädige Frau!

Wie froh war ich nun, als ich mich vom ersten Schreck erholt hatte, dass ich mich hier oben in Sicherheit befand. Wie in aller Welt, dachte ich, kommt *die* nur jetzt hierher? wenn nun die liebe schöne gnädige Frau die Blumen abholt, – das wird eine schöne Geschichte werden! Ich hätte am Ende weinen mögen vor Ärger über den ganzen Spektakel.

Indem hub die verkappte Gärtnerin unten an: »Es ist so stickend heiß droben im Saale, ich musste mich ein wenig abkühlen gehen in der freien schönen Natur.« Dabei fächelte sie sich mit der Larve in einem fort und blies die Luft von sich. Bei dem hellen Mondschein konnt' ich deutlich erkennen, wie ihr die Flechsen am Halse ordentlich aufgeschwollen waren; sie sah ganz erbost aus und ziegelrot im Gesichte. Die Kammerjungfer suchte unterdes hinter allen Hecken herum, als hätte sie eine Stecknadel verloren. –

»Ich brauche so notwendig noch frische Blumen zu meiner Maske«, fuhr die Gärtnerin von Neuem fort, »wo er auch stecken mag!« – Die Kammerjungfer suchte und kicherte dabei immerfort heimlich in sich selbst hinein. – »Sagtest du was, Rosette?« fragte die Gärtnerin spitzig. – »Ich sage was ich immer gesagt habe«, erwiderte die Kammerjungfer und machte ein ganz ernsthaftes treuherziges Gesicht, »der ganze Einnehmer ist und bleibt ein Lümmel, er liegt gewiss irgendwo hinter einem Strauche und schläft.«

unverwandt (den Blick) längere Zeit zu jemandem bzw. etwas hingewandt

hatte eine Larve vor hatte eine (Halb-) Maske vor dem Gesicht

Spektakel Aufsehen, Schauspiel, Szenerie

hub … an fing … an zu reden, setzte … zum Sprechen an

Flechsen Sehnen; hier: Adern

spitzig unausgesprochen höhnisch, mit verstecktem Vorwurf

Reputation (guten) Ruf, Ansehen

Mir zuckte es in allen meinen Gliedern, herunterzuspringen und meine Reputation zu retten – da hörte man auf einmal ein großes Pauken und Musizieren und Lärmen vom Schlosse her.

bringen … das Vivat lassen … hochleben

Nun hielt sich die Gärtnerin nicht länger. »Da bringen die Menschen«, fuhr sie verdrüßlich auf, »dem Herrn das Vivat. Komm, man wird uns vermissen!« – Und hiermit steckte sie die Larve schnell vor und ging wütend mit der Kammerjungfer nach dem Schlosse zu fort. Die Bäume und Sträucher wiesen kurios, wie mit langen Nasen und Fingern hinter ihr drein, der Mondschein tanzte noch fix, wie über eine Klaviatur, über ihre breite Taille auf und nieder, und so nahm sie, so recht wie ich auf dem Theater manchmal die Sängerinnen gesehn, unter Trompeten und Pauken schnell ihren Abzug.

Klaviatur Klaviertastatur

Windlichter Laternen

Ich aber wusste in meinem Baume droben eigentlich gar nicht recht, wie mir geschehen, und richtete nunmehr meine Augen unverwandt auf das Schloss hin; denn ein Kreis hoher Windlichter unten an den Stufen des Einganges warf dort einen seltsamen Schein über die blitzenden Fenster und weit in den Garten hinein. Es war die Dienerschaft, die soeben ihrer jungen Herrschaft ein Ständchen brachte. Mitten unter ihnen stand der prächtig aufgeputzte Portier wie ein Staatsminister, vor einem Notenpulte, und arbeitete sich emsig an einem Fagott ab.

Serenade Abend- bzw. Nachtmusik

Sternen Ordenssternen

Wie ich mich soeben zurechtsetzte, um der schönen Serenade zuzuhören, gingen auf einmal oben auf dem Balkon des Schlosses die Flügeltüren auf. Ein hoher Herr, schön und stattlich in Uniform und mit vielen funkelnden Sternen, trat auf den Balkon heraus, und an seiner Hand – die schöne junge gnädige Frau, in ganz weißem Kleide, wie eine Lilie in der Nacht, oder wie wenn der Mond über das klare Firmament zöge.

Ich konnte keinen Blick von dem Platze verwenden, und Garten, Bäume und Felder gingen unter vor meinen Sinnen, wie sie so wundersam beleuchtet von den Fackeln, hoch und schlank dastand, und bald anmutig mit dem schönen Offizier sprach, bald wieder freundlich zu den Musikanten herunternickte. Die Leute unten waren außer sich vor Freude, und ich hielt mich am Ende auch nicht mehr und schrie immer aus Leibeskräften Vivat mit. –

verwenden abwenden

Vivat (lat.) Er / Sie lebe hoch!

Als sie aber bald darauf wieder von dem Balkon verschwand, unten eine Fackel nach der andern verlöschte, und die Notenpulte weggeräumt wurden, und nun der Garten ringsumher auch wieder finster wurde und rauschte wie vorher – da merkt' ich erst alles – da fiel es mir auf einmal aufs Herz, dass mich wohl eigentlich nur die Tante mit den Blumen bestellt hatte, dass die Schöne gar nicht an mich dachte und lange verheiratet ist, und dass ich selber ein großer Narr war.

Alles das versenkte mich recht in einen Abgrund von Nachsinnen. Ich wickelte mich, gleich einem Igel, in die Stacheln meiner eignen Gedanken zusammen; vom Schlosse schallte die Tanzmusik nur noch seltner herüber, die Wolken wanderten einsam über den dunkeln Garten weg. Und so saß ich auf dem Baume droben, wie die Nachteule, in den Ruinen meines Glücks die ganze Nacht hindurch.

Die kühle Morgenluft weckte mich endlich aus meinen Träumereien. Ich erstaunte ordentlich, wie ich so auf einmal um mich her blickte. Musik und Tanz war lange vorbei, im Schlosse und rings um das Schloss herum auf dem Rasenplatze und den steinernen Stufen und Säulen sah alles so still, kühl und feierlich aus; nur der Springbrunnen vor dem Eingange plätscherte einsam in einem fort. Hin und her in den Zweigen neben mir erwachten schon die Vögel, schüttelten ihre bunten Federn und sahen, die kleinen Flügel dehnend, neugierig und verwundert ihren seltsamen Schlafkameraden an. Fröhlich schweifende Morgenstrahlen funkelten über den Garten weg auf meine Brust.

Da richtete ich mich in meinem Baume auf, und sah seit langer Zeit zum ersten Male wieder einmal so recht weit in das Land hinaus, wie da schon einzelne Schiffe auf der Donau zwischen den Weinbergen herabfuhren, und die noch leeren Landstraßen wie Brücken über das schimmernde Land sich fern über die Berge und Täler hinausschwangen.

Ich weiß nicht wie es kam – aber mich packte da auf einmal wieder meine ehemalige Reiselust: alle die alte Wehmut und Freude und große Erwartung. Mir fiel dabei zugleich ein, wie nun die schöne Frau droben auf dem Schlosse zwischen Blumen und unter seidnen Decken schlummerte, und ein Engel bei ihr auf dem Bette säße in der Morgenstille. – Nein, rief ich aus, fort muss ich von hier, und immer fort, so weit als der Himmel blau ist!

Und hiermit nahm ich mein Körbchen, und warf es hoch in die Luft, so dass es recht lieblich anzusehen war, wie die Blumen zwischen den Zweigen und auf dem grünen Rasen unten bunt umherlagen. Dann stieg ich selber schnell herunter und ging durch den stillen Garten auf meine Wohnung zu. Gar oft blieb ich da noch stehen auf manchem Plätzchen, wo ich sie sonst wohl einmal gesehen, oder im Schatten liegend an *Sie* gedacht hatte.

In und um mein Häuschen sah alles noch so aus, wie ich es gestern verlassen hatte. Das Gärtchen war geplündert und wüst, im Zimmer drin lag noch das große Rechnungsbuch aufgeschlagen, meine Geige, die ich schon fast ganz vergessen hatte, hing verstaubt an der Wand. Ein Morgenstrahl aber, aus dem gegenüberstehenden Fenster, fuhr grade blitzend über die Saiten. Das gab einen rechten Klang in meinem Herzen. Ja, sagt' ich, komm nur her, du getreues Instrument! Unser Reich ist nicht von dieser Welt! –

Unser Reich ist nicht von dieser Welt! → Seite 117

Und so nahm ich die Geige von der Wand, ließ Rechnungsbuch, Schlafrock, Pantoffeln, Pfeifen und Parasol liegen und wanderte, arm wie ich gekommen war, aus meinem Häuschen und auf der glänzenden Landstraße von dannen.

von dannen weg, fort

Ich blickte noch oft zurück; mir war gar seltsam zu Mute, so traurig und doch auch wieder so überaus fröhlich, wie ein Vogel, der aus seinem Käfig ausreißt. Und als ich schon eine weite Strecke gegangen war, nahm ich draußen im Freien meine Geige vor und sang:

Den lieben Gott lass ich nur walten;
Der Bächlein, Lerchen, Wald und Feld
Und Erd' und Himmel tut erhalten,
Hat auch mein' Sach' aufs Best' bestellt!

Das Schloss, der Garten und die Türme von Wien waren schon hinter mir im Morgenduft versunken, über mir jubilierten unzählige Lerchen hoch in der Luft; so zog ich zwischen den grünen Bergen und an lustigen Städten und Dörfern vorbei gen Italien hinunter.

gen Italien hinunter in südlicher Richtung nach Italien

Drittes Kapitel

Aber das war nun schlimm! Ich hatte noch gar nicht daran gedacht, dass ich eigentlich den rechten Weg nicht wusste. Auch war ringsumher kein Mensch zu sehen in der stillen Morgenstunde, den ich hätte fragen können, und nicht weit von mir teilte sich die Landstraße in viele neue Landstraßen, die gingen weit, weit über die höchsten Berge fort, als führten sie aus der Welt hinaus, so dass mir ordentlich schwindelte, wenn ich recht hinsah.

Endlich kam ein Bauer des Weges daher, der, glaub ich, nach der Kirche ging, da es heut eben Sonntag war, in einem altmodischen Überrocke mit großen silbernen Knöpfen und einem langen spanischen Rohr mit einem sehr massiven silbernen Stockknopf darauf, der schon von Weitem in der Sonne funkelte. Ich frug ihn sogleich mit vieler Höflichkeit: »Können Sie mir nicht sagen, wo der Weg nach Italien geht?« – Der Bauer blieb stehen, sah mich an, besann sich dann mit weit vorgeschobner Unterlippe, und sah mich wieder an. Ich sagte noch einmal: »nach Italien, wo die Pomeranzen wachsen.« – »Ach was gehn mich Seine Pomeranzen an!« sagte der Bauer da, und schritt wacker wieder weiter. Ich hätte dem Manne mehr Konduite zugetraut, denn er sah recht stattlich aus.

Was war nun zu machen? Wieder umkehren und in mein Dorf zurückgehn? Da hätten die Leute mit den Fingern auf mich gewiesen, und die Jungen wären um mich herumgesprungen: Ei, tausend willkommen aus der Welt! wie sieht es denn aus in der Welt? hat Er uns nicht Pfefferkuchen mitgebracht aus der Welt? – Der Portier mit der kurfürstlichen Nase, welcher überhaupt viele Kenntnisse von der Weltgeschichte hatte, sagte oft zu mir: »Wertgeschätzter Herr Einnehmer! Italien ist ein schönes Land, da sorgt der liebe Gott für alles, da kann man sich im Sonnenschein auf den Rücken legen, so wachsen einem die Rosinen ins Maul, und wenn einen die Tarantel beißt, so tanzt man mit ungemeiner Gelenkigkeit, wenn man auch sonst nicht tanzen gelernt hat.« – Nein, nach Italien, nach Italien! rief ich voller Vergnügen aus, und rannte, ohne an die verschiedenen Wege zu denken, auf der Straße fort, die mir eben vor die Füße kam.

Überrocke Mantel

spanischen Rohr Spazierstock aus Pfahlrohr bzw. Riesenschilf

Stockknopf Knopf am oberen Ende des Spazierstocks

Pomeranzen Bitterorangen; Zitrusfrüchte aus dem Mittelmeerraum

Konduite (frz.) Benehmen, Betragen

Pfefferkuchen Lebkuchen

wenn einen die Tarantel beißt, so tanzt man mit ungemeiner Gelenkigkeit → Seite 118

Als ich eine Strecke so fortgewandert war, sah ich rechts von der Straße einen sehr schönen Baumgarten, wo die Morgensonne so lustig zwischen den Stämmen und Wipfeln hindurchschimmerte, dass es aussah, als wäre der Rasen mit goldenen Teppichen belegt. Da ich keinen Menschen erblickte, stieg ich über den niedrigen Gartenzaun und legte mich recht behaglich unter einem Apfelbaum ins Gras, denn von dem gestrigen Nachtlager auf dem Baume taten mir noch alle Glieder weh. Da konnte man weit ins Land hinaussehen, und da es Sonntag war, so kamen bis aus der weitesten Ferne Glockenklänge über die stillen Felder herüber und geputzte Landleute zogen überall zwischen Wiesen und Büschen nach der Kirche. Ich war recht fröhlich im Herzen, die Vögel sangen über mir im Baume, ich dachte an meine Mühle und an den Garten der schönen gnädigen Frau, und wie das alles nun so weit weit lag – bis ich zuletzt einschlummerte. Da träumte mir, als käme die schöne Fraue aus der prächtigen Gegend unten zu mir gegangen oder eigentlich langsam geflogen zwischen den Glockenklängen, mit langen weißen Schleiern, die im Morgenrote wehten. Dann war es wieder, als wären wir gar nicht in der Fremde, sondern bei meinem Dorfe an der Mühle in den tiefen Schatten. Aber da war alles still und leer, wie wenn die Leute Sonntag in der Kirche sind und nur der Orgelklang durch die Bäume herüberkommt, dass es mir recht im Herzen wehtat. Die schöne Frau aber war sehr gut und freundlich, sie hielt mich an der Hand und ging mit mir, und sang in einem fort in dieser Einsamkeit das schöne Lied, das sie damals immer frühmorgens am offenen Fenster zur Gitarre gesungen hat, und ich sah dabei ihr Bild in dem stillen Weiher, noch vieltausendmal schöner, aber mit sonderbaren großen Augen, die mich so starr ansahen, dass ich mich beinah gefürchtet hätte. – Da fing auf einmal die Mühle, erst in einzelnen langsamen

Schlägen, dann immer schneller und heftiger an zu gehen und zu brausen, der Weiher wurde dunkel und kräuselte sich, die schöne Fraue wurde ganz bleich und ihre Schleier wurden immer länger und länger und flatterten entsetzlich in langen Spitzen, wie Nebelstreifen, hoch am Himmel empor; das Sausen nahm immer mehr zu, oft war es, als bliese der Portier auf seinem Fagott dazwischen, bis ich endlich mit heftigem Herzklopfen aufwachte.

Es hatte sich wirklich ein Wind erhoben, der leise über mir durch den Apfelbaum ging; aber was so brauste und rumorte, war weder die Mühle noch der Portier, sondern derselbe Bauer, der mir vorhin den Weg nach Italien nicht zeigen wollte. Er hatte aber seinen Sonntagsstaat ausgezogen und stand in einem weißen Kamisol vor mir. »Na«, sagte er, da ich mir noch den Schlaf aus den Augen wischte, »will Er etwa hier Poperenzen klauben, dass er mir das schöne Gras so zertrampelt, anstatt in die Kirche zu gehen, Er Faulenzer!« – Mich ärgert' es nur, dass mich der Grobian aufgeweckt hatte. Ich sprang ganz erbost auf und versetzte geschwind: »Was, Er will mich hier ausschimpfen? Ich bin Gärtner gewesen, eh Er daran dachte, und Einnehmer, und wenn Er zur Stadt gefahren wäre, hätte Er die schmierige Schlafmütze vor mir abnehmen müssen, und hatte mein Haus und meinen roten Schlafrock mit gelben Punkten.« – Aber der Knollfink scherte sich gar nichts darum, sondern stemmte beide Arme in die Seiten und sagte bloß: »Was will Er denn? he! he!« Dabei sah ich, dass es eigentlich ein kurzer, stämmiger, krummbeiniger Kerl war, und vorstehende glotzende Augen und eine rote etwas schiefe Nase hatte. Und wie er immerfort nichts weiter sagte als: »he! – he!« – und dabei jedesmal einen Schritt näher auf mich zukam, da überfiel mich auf einmal eine so kuriose grausliche Angst, dass ich mich schnell aufmachte, über den Zaun sprang und,

Sonntagsstaat (feines) Sonntagsgewand

Kamisol westenähnliche Unterjacke für Männer

Poperenzen klauben Pomeranzen (siehe Seite 30) pflücken

Knollfink Schimpfwort für einen plumpen, groben Menschen

ohne mich umzusehen, immerfort querfeldein lief, dass mir die Geige in der Tasche klang.

Als ich endlich wieder stillhielt um Atem zu schöpfen, war der Garten und das ganze Tal nicht mehr zu sehen, und ich stand in einem schönen Walde. Aber ich gab nicht viel darauf acht, denn jetzt ärgerte mich das Spektakel erst recht, und dass der Kerl mich immer *Er* nannte, und ich schimpfte noch lange im Stillen für mich. In solchen Gedanken ging ich rasch fort und kam immer mehr von der Landstraße ab, mitten in das Gebirge hinein. Der Holzweg, auf dem ich fortgelaufen war, hörte auf und ich hatte nur noch einen kleinen wenig betretenen Fußsteig vor mir. Ringsum war niemand zu sehen und kein Laut zu vernehmen. Sonst aber war es recht anmutig zu gehn, die Wipfel der Bäume rauschten und die Vögel sangen sehr schön. Ich befahl mich daher Gottes Führung, zog meine Violine hervor und spielte alle meine liebsten Stücke durch, dass es recht fröhlich in dem einsamen Walde erklang.

für mich vor mich hin

befahl mich … vertraute mich … an

Mit dem Spielen ging es aber auch nicht lange, denn ich stolperte dabei jeden Augenblick über die fatalen Baumwurzeln, auch fing mich zuletzt an zu hungern, und der Wald wollte noch immer gar kein Ende nehmen. So irrte ich den ganzen Tag herum, und die Sonne schien schon schief zwischen den Baumstämmen hindurch, als ich endlich in ein kleines Wiesental hinauskam, das rings von Bergen eingeschlossen und voller roter und gelber Blumen war, über denen unzählige Schmetterlinge im Abendgolde herumflatterten. Hier war es so einsam, als läge die Welt wohl hundert Meilen weit weg. Nur die Heimchen zirpten, und ein Hirt lag drüben im hohen Grase und blies so melancholisch auf seiner Schalmei, dass einem das Herz vor Wehmut hätte zerspringen mögen. Ja, dachte ich bei mir, wer es so gut hätte, wie so ein Faulenzer! unsereiner muss sich in der Fremde

Heimchen Grillen

Schalmei ein als Hirtenflöte bekanntes Holzblasinstrument

attent (frz.) aufmerksam, achtsam

herumschlagen und immer attent sein. – Da ein schönes klares Flüsschen zwischen uns lag, über das ich nicht herüber konnte, so rief ich ihm von Weiten zu: wo hier das nächste Dorf läge? Er ließ sich aber nicht stören, sondern streckte nur den Kopf ein wenig aus dem Grase hervor, wies mit seiner Schalmei auf den andern Wald hin und blies ruhig wieder weiter.

Unterdes marschierte ich fleißig fort, denn es fing schon an zu dämmern. Die Vögel, die alle noch ein großes Geschrei gemacht hatten, als die letzten Sonnenstrahlen durch den Wald schimmerten, wurden auf einmal still, und mir fing beinah an angst zu werden, in dem ewigen einsamen Rauschen der Wälder. Endlich hörte ich von ferne Hunde bellen. Ich schritt rascher fort, der Wald wurde immer lichter und lichter, und bald darauf sah ich zwischen den letzten Bäumen hindurch einen schönen grünen Platz, auf dem viele Kinder lärmten, und sich um eine große Linde herumtummelten, die recht in der Mitte stand. Weiterhin an dem Platze war ein Wirtshaus, vor dem einige Bauern um einen Tisch saßen und Karten spielten und Tabak rauchten. Von der andern Seite saßen junge Bursche und Mädchen vor der Tür, die die Arme in ihre Schürzen gewickelt hatten und in der Kühle miteinander plauderten.

Ländler österreichisch-süddeutscher Volkstanz im Dreivierteltakt

Ich besann mich nicht lange, zog meine Geige aus der Tasche, und spielte schnell einen lustigen Ländler auf, während ich aus dem Walde hervortrat. Die Mädchen verwunderten sich, die Alten lachten, dass es weit in den Wald hineinschallte. Als ich aber so bis zu der Linde gekommen war, und mich mit dem Rücken dranlehnte, und immerfort spielte, da ging ein heimliches Rumoren und Gewisper unter den jungen Leuten rechts und links, die Bursche legten endlich ihre Sonntagspfeifen weg, jeder nahm die Seine, und eh ich's mich versah, schwenkte sich das junge Bauernvolk tüchtig um mich herum, die Hunde bellten, die Kittel flogen, und die Kinder standen um mich im Kreise, und sahen mir neugierig ins Gesicht und auf die Finger, wie ich so fix damit hantierte.

Wie der erste Schleifer vorbei war, konnte ich erst recht sehen, wie eine gute Musik in die Gliedmaßen fährt. Die Bauerburschen, die sich vorher, die Pfeifen im Munde, auf den Bänken reckten und die steifen Beine von sich streckten, waren nun auf einmal wie umgetauscht, ließen ihre bunten Schnupftücher vorn am Knopfloch lang herunterhängen und kapriolten so artig um die Mädchen herum, dass es eine rechte Lust anzuschauen war. Einer von ihnen, der sich schon für was Rechtes hielt, haspelte lange in seiner Westentasche, damit es die andern sehen sollten, und brachte endlich ein kleines Silberstück heraus, das er mir in die Hand drücken wollte. Mich ärgerte das, wenn ich gleich dazumal kein Geld in der Tasche hatte. Ich sagte ihm, er sollte nur seine Pfennige behalten, ich spielte nur so aus Freude, weil ich wieder bei Menschen wäre. Bald darauf aber kam ein schmuckes Mädchen mit einer großen Stampe Wein zu mir. »Musikanten trinken gern«, sagte sie, und lachte mich freundlich an, und ihre perlweißen Zähne schimmerten recht scharmant zwischen den roten Lippen hindurch, so dass ich sie wohl hätte darauf küssen mögen. Sie tunkte ihr Schnäbelchen in den Wein, wobei ihre Augen über das Glas weg auf mich herüberfunkelten, und reichte mir darauf die Stampe hin. Da trank ich das Glas bis auf den Grund aus, und spielte dann wieder von Frischem, dass sich alles lustig um mich herumdrehte.

Schleifer deutscher Volkstanz im Dreiachteltakt

kapriolten so artig machten so formvollendete Luftsprünge

haspelte kramte (von ›haspeln‹: ›Garn aufwickeln‹)

wenn ich gleich dazumal obwohl ich damals

Stampe in Schlesien ein Trinkglas mit stabilem Boden

Die Alten waren unterdes von ihrem Spiel aufgebrochen, die jungen Leute fingen auch an müde zu werden und zerstreuten sich, und so wurde es nach und nach ganz still und leer vor dem Wirtshause. Auch das Mädchen, das mir den Wein gereicht hatte, ging nun nach dem Dorfe zu, aber sie ging sehr langsam, und sah sich zuweilen um, als ob sie was vergessen hätte. Endlich blieb sie stehen und suchte etwas auf der Erde, aber ich sah wohl, dass sie, wenn sie sich bückte, unter dem Arme hindurch nach mir zurückblickte. Ich hatte auf dem Schlosse Lebensart gelernt, ich sprang also geschwind herzu und sagte: »Haben Sie etwas verloren, schönste Mamsell?« – »Ach nein«, sagte sie und wurde über und über rot, »es war nur eine Rose – will Er sie haben?« – Ich dankte und steckte die Rose ins Knopfloch. Sie sah mich sehr freundlich an und sagte: »Er spielt recht schön.« – »Ja«, versetzte ich, »das ist so eine Gabe Gottes.« – »Die Musikanten sind hier in der Gegend sehr rar«, hub das Mädchen dann wieder an und stockte und hatte die Augen beständig niedergeschlagen. »Er könnte sich hier ein gutes Stück Geld verdienen – auch mein Vater spielt etwas die Geige und hört gern von der Fremde erzählen – und mein Vater ist sehr reich.« – Dann lachte sie auf und sagte: »Wenn Er nur nicht immer solche Grimassen machen möchte, mit dem Kopfe, beim Geigen!« – »Teuerste Jungfer«, erwiderte ich, »erstlich: nennen Sie mich nur nicht immer Er; sodann mit den Kopftremulenzen, das ist einmal nicht anders, das haben wir Virtuosen alle so an uns.« – »Ach so!« entgegnete das Mädchen. Sie wollte noch etwas mehr sagen, aber da entstand auf einmal ein entsetzliches Gepolter im Wirtshause, die Haustüre ging mit großem Gekrache auf und ein dünner Kerl kam wie ein ausgeschossner Ladstock herausgeflogen, worauf die Tür sogleich wieder hinter ihm zugeschlagen wurde.

Das Mädchen war bei dem ersten Geräusch wie ein Reh davongesprungen und im Dunkel verschwunden. Die Figur vor der Tür aber raffte sich hurtig wieder vom Boden auf und fing nun an mit solcher Geschwindigkeit gegen das Haus loszuschimpfen, dass es ordentlich zum Erstaunen war.

Lebensart gutes Benehmen, weltgewandtes Auftreten

Mamsell Fräulein; Eindeutschung des frz. ›Mademoiselle‹

Jungfer alltagssprachlich für ›Jungfrau‹; ehrenvolle Anrede einer unverheirateten jungen Frau von einfacher bürgerlicher Herkunft

nennen Sie mich nur nicht immer Er (vgl. die Seiten 16 und 33)

den Kopftremulenzen → Seite 118

einmal hier als Füllwort im Sinne von ›nun einmal‹, ›halt‹

ausgeschossner Ladstock → Seite 118

»Was!« schrie er, »ich besoffen? ich die Kreidestriche an der verräucherten Tür nicht bezahlen? Löscht sie aus, löscht sie aus! Hab ich euch nicht erst gestern übern Kochlöffel balbiert und in die Nase geschnitten, dass ihr mir den Löffel morsch entzweigebissen habt? Balbieren macht einen Strich – Kochlöffel, wieder ein Strich – Pflaster auf die Nase, noch ein Strich – wie viel solche hundsföttische Striche wollt ihr denn noch bezahlt haben? Aber gut, schon gut! ich lasse das ganze Dorf, die ganze Welt ungeschoren. Lauft meinetwegen mit euren Bärten, dass der liebe Gott am Jüngsten Tage nicht weiß, ob ihr Juden seid oder Christen! Ja, hängt euch an euren eignen Bärten auf, ihr zottigen Landbären!« Hier brach er auf einmal in ein jämmerliches Weinen aus und fuhr ganz erbärmlich durch die Fistel fort: »Wasser soll ich saufen, wie ein elender Fisch? ist das Nächstenliebe? Bin ich nicht ein Mensch und ein ausgelernter Feldscher? Ach, ich bin heute so in der Rage! Mein Herz ist voller Rührung und Menschenliebe!« Bei diesen Worten zog er sich nach und nach zurück, da im Hause alles still blieb. Als er mich erblickte, kam er mit ausgebreiteten Armen auf mich los, ich glaube der tolle Kerl wollte mich ambrasieren. Ich sprang aber auf die Seite, und so stolperte er weiter, und ich hörte ihn noch lange, bald grob bald fein, durch die Finsternis mit sich diskurrieren.

Mir aber ging mancherlei im Kopfe herum. Die Jungfer, die mir vorhin die Rose geschenkt hatte, war jung, schön und reich – ich konnte da mein Glück machen, eh man die Hand umkehrte. Und Hammel und Schweine, Puter und fette Gänse mit Äpfeln gestopft – ja, es war mir nicht anders, als säh ich den Portier auf mich zukommen: »Greif zu, Einnehmer, greif zu! jung gefreit hat niemand gereut, wer's Glück hat, führt die Braut heim, bleibe im Lande und nähre dich tüchtig.« In solchen philosophischen Gedanken setzte

Kreidestriche → Seite 118

übern Kochlöffel balbiert → Seite 118

hundsföttische → Seite 119

durch die Fistel mit Fistelstimme, also mit sehr hoher Stimme

Feldscher → Seite 119

Rage (frz.) Wut

tolle verrückte

ambrasieren Wortspiel mit den Verben ›abrasieren‹ und dem frz. ›embrasser‹: ›umarmen‹

ich mich auf dem Platze, der nun ganz einsam war, auf einen Stein nieder, denn an das Wirtshaus anzuklopfen traute ich mich nicht, weil ich kein Geld bei mir hatte. Der Mond schien prächtig, von den Bergen rauschten die Wälder durch die stille Nacht herüber, manchmal schlugen im Dorfe die Hunde an, das weiter im Tale unter Bäumen und Mondschein wie begraben lag. Ich betrachtete das Firmament, wie da einzelne Wolken langsam durch den Mondschein zogen und manchmal ein Stern weit in der Ferne herunterfiel. So, dachte ich, scheint der Mond auch über meines Vaters Mühle und auf das weiße gräfliche Schloss. Dort ist nun auch schon alles lange still, die gnädige Frau schläft, und die Wasserkünste und Bäume im Garten rauschen noch immerfort wie damals, und allen ist's gleich, ob ich noch da bin, oder in der Fremde, oder gestorben. – Da kam mir die Welt auf einmal so entsetzlich weit und groß vor, und ich so ganz allein darin, dass ich aus Herzensgrunde hätte weinen mögen.

Wie ich noch immer so dasitze, höre ich auf einmal aus der Ferne Hufschlag im Walde. Ich hielt den Atem an und lauschte, da kam es immer näher und näher, und ich konnte schon die Pferde schnauben hören. Bald darauf kamen auch wirklich zwei Reiter unter den Bäumen hervor, hielten aber am Saume des Waldes an und sprachen heimlich sehr eifrig miteinander, wie ich an den Schatten sehen konnte, die plötzlich über den mondbeglänzten Platz vorschossen, und mit langen, dunklen Armen bald dahin bald dorthin wiesen. – Wie oft, wenn mir zu Hause meine verstorbene Mutter von wilden Wäldern und martialischen Räubern erzählte, hatte ich mir sonst immer heimlich gewünscht, eine solche Geschichte selbst zu erleben. Da hatt' ich's nun auf einmal für meine dummen frevelmütigen Gedanken! – Ich streckte mich nun an dem Lindenbaum, unter dem ich gesessen, ganz unmerklich so lang aus, als ich nur konnte, bis ich den ersten Ast

martialischen kriegerischen, Furcht einflößenden; wörtlich: ›zum [römischen Kriegsgott] Mars gehörenden‹

frevelmütigen frevelhaften, das Schicksal herausfordernden

erreicht hatte und mich geschwinde hinaufschwang. Aber ich baumelte noch mit halbem Leibe über dem Aste und wollte soeben auch meine Beine nachholen, als der eine von den Reitern rasch hinter mir über den Platz dahertrabte. Ich drückte nun die Augen fest zu in dem dunkeln Laube, und rührte und regte mich nicht. – »Wer ist da?« rief es auf einmal dicht hinter mir. »Niemand!« schrie ich aus Leibeskräften vor Schreck, dass er mich doch noch erwischt hatte. Insgeheim musste ich aber doch bei mir lachen, wie die Kerls sich schneiden würden, wenn sie mir die leeren Taschen umdrehten. – »Ei, ei«, sagte der Räuber wieder, »wem gehören denn aber die zwei Beine, die da herunterhängen?« – Da half nichts mehr. »Nichts weiter« versetzte ich, »als ein Paar arme, verirrte Musikantenbeine«, und ließ mich rasch wieder auf den Boden herab, denn ich schämte mich auch, länger wie eine zerbrochene Gabel da über dem Aste zu hängen.

sich schneiden würden notgedrungen und zu ihrem Verdruss ihren Irrtum würden erkennen müssen

Das Pferd des Reiters scheute, als ich so plötzlich vom Baume herunterfuhr. Er klopfte ihm den Hals und sagte lachend: »Nun wir sind auch verirrt, da sind wir rechte Kameraden; ich dächte also, du hälfest uns ein wenig den Weg nach B. aufsuchen. Es soll dein Schade nicht sein.« Ich hatte nun gut beteuern, dass ich gar nicht wüsste, wo B. läge, dass ich lieber hier im Wirtshause fragen oder sie in das Dorf hinunterführen wollte. Der Kerl nahm gar keine Raison an. Er zog ganz ruhig eine Pistole aus dem Gurt, die recht hübsch im Mondschein funkelte. »Mein Liebster«, sagte er dabei sehr freundschaftlich zu mir, während er bald den Lauf der Pistole abwischte, bald wieder prüfend an die Augen hielt, »mein Liebster, du wirst wohl so gut sein, selber nach B. vorauszugehn.«

dein Schade nicht sein dir nicht zum Nachteil gereichen

Raison (frz.) Vernunft

Da war ich nun recht übel daran. Traf ich den Weg, so kam ich gewiss zu der Räuberbande und bekam Prügel, da ich kein Geld bei mir hatte, traf ich ihn nicht – so bekam ich auch Prügel. Ich besann mich also nicht lange und schlug den ersten besten Weg ein, der an dem Wirtshause vorüber vom Dorfe abführte. Der Reiter sprengte schnell zu seinem Begleiter zurück, und beide folgten mir dann in einiger Entfernung langsam nach. So zogen wir eigentlich recht närrisch auf gut Glück in die mondhelle Nacht hinein. Der Weg lief immerfort im Walde an einem Bergeshange fort. Zuweilen konnte man über die Tannenwipfel, die von unten herauflangten und sich dunkel rührten, weit in die tiefen stillen Täler hinaussehen, hin und her schlug eine Nachtigall, Hunde bellten in der Ferne in den Dörfern. Ein Fluss rauschte beständig aus der Tiefe und blitzte zuweilen im Mondschein auf. Dabei das einförmige Pferdegetrappel und das Wirren und Schwirren der Reiter hinter mir, die unaufhörlich in einer fremden Sprache miteinander plauderten, und das helle Mondlicht und die langen Schatten der Baumstämme, die wechselnd über die beiden Reiter wegflogen, dass sie mir bald schwarz, bald hell, bald klein, bald wieder riesengroß vorkamen. Mir verwirrten sich ordentlich die Gedanken, als läge ich in einem Traum und könnte gar nicht aufwachen. Ich schritt immer stramm vor mich hin. Wir müssen, dachte ich, doch am Ende aus dem Walde und aus der Nacht herauskommen.

hin und her hier und da

einförmige gleichförmige, monotone

Endlich flogen hin und wieder schon lange rötliche Scheine über den Himmel, ganz leise, wie wenn man über einen Spiegel haucht, auch eine Lerche sang schon hoch über dem stillen Tale. Da wurde mir auf einmal ganz klar im Herzen bei dem Morgengruße, und alle Furcht war vorüber. Die beiden Reiter aber streckten sich, und sahen sich nach allen Seiten um, und schienen nun erst gewahr zu werden, dass wir doch wohl nicht auf dem rechten Wege sein mochten. Sie plauderten wieder viel, und ich merkte wohl, dass sie von mir sprachen, ja es kam mir vor, als finge der eine sich vor mir zu fürchten an, als könnt' ich wohl gar so ein heimlicher Schnapphahn sein, der sie im Walde irreführen wollte. Das machte mir Spaß, denn je lichter es ringsum wurde, je mehr Courage kriegt' ich, zumal da wir soeben auf einen schönen freien Waldplatz herauskamen. Ich sah mich daher nach allen Seiten ganz wild um, und pfiff dann ein paarmal auf den Fingern, wie die Spitzbuben tun, wenn sie sich einander Signale geben wollen.

»Halt!« rief auf einmal der eine von den Reitern, dass ich ordentlich zusammenfuhr. Wie ich mich umsehe, sind sie beide abgestiegen und haben ihre Pferde an einen Baum angebunden. Der eine kommt aber rasch auf mich los, sieht mir ganz starr ins Gesicht, und fängt auf einmal ganz unmäßig an zu lachen. Ich muss gestehen, mich ärgerte das unvernünftige Gelächter. Er aber sagte: »Wahrhaftig, das ist der Gärtner, wollt' sagen: Einnehmer vom Schloss!«

Ich sah ihn groß an, wusst' mich aber seiner nicht zu erinnern, hätt' auch viel zu tun gehabt, wenn ich mir alle die jungen Herren hätte ansehen wollen, die auf dem Schlosse ab und zu ritten. Er aber fuhr mit ewigem Gelächter fort: »Das ist prächtig! Du vazierst, wie ich sehe, wir brauchen eben einen Bedienten, bleib bei uns, da hast du ewige Vakanz.« – Ich war ganz verblüfft und sagte endlich, dass ich soeben auf einer Reise nach Italien begriffen wäre. – »Nach Italien?!« entgegnete der Fremde, »ebendahin wollen auch wir!« – »Nun, wenn *das* ist!« rief ich aus und zog voller Freude meine Geige aus der Tasche und strich, dass die Vögel im Walde aufwachten. Der Herr aber erwischte geschwind den andern Herrn und walzte mit ihm wie verrückt auf dem Rasen herum.

Dann standen sie plötzlich still. »Bei Gott«, rief der eine, »da seh ich schon den Kirchturm von B.! nun, da wollen wir bald unten sein.« Er zog seine Uhr heraus und ließ sie repe-

Schnapphahn Strauchdieb, Wegelagerer

unvernünftige vernunftlose, sinnlose, dumme

ab und zu ritten eintrafen und (wieder) abreisten

Du vazierst Du bist ohne (feste) Anstellung

Vakanz freie Stelle; hier scherzhaft für: Ferien

wenn das ist wenn das so ist

repetieren → Seite 119

tieren, schüttelte mit dem Kopfe, und ließ noch einmal schlagen. »Nein«, sagte er, »das geht nicht, wir kommen so zu früh hin, das könnte schlimm werden!«

Darauf holten sie von ihren Pferden Kuchen, Braten und Weinflaschen, breiteten eine schöne bunte Decke auf dem grünen Rasen aus, streckten sich darüber hin und schmausten sehr vergnüglich, teilten auch mir von allem sehr reichlich mit, was mir gar wohl bekam, da ich seit einigen Tagen schon nicht mehr vernünftig gespeist hatte. – »Und dass du's weißt«, sagte der eine zu mir –, »aber du kennst uns doch nicht?« – ich schüttelte mit dem Kopfe. – »Also, dass du's weißt: ich bin der Maler Leonhard, und das dort ist – wieder ein Maler – Guido geheißen.«

Ich besah mir nun die beiden Maler genauer bei der Morgendämmerung. Der eine, Herr Leonhard, war groß, schlank, braun, mit lustigen feurigen Augen. Der andere war viel jünger, kleiner und feiner, auf altdeutsche Mode gekleidet, wie es der Portier nannte, mit weißem Kragen und bloßem Hals, um den die dunkelbraunen Locken herabhingen, die er oft aus dem hübschen Gesichte wegschütteln musste. – Als dieser genug gefrühstückt hatte, griff er nach meiner Geige, die ich neben mir auf den Boden gelegt hatte, setzte sich damit auf einen umgehauenen Baumast, und klimperte darauf mit den Fingern. Dann sang er dazu so hell wie ein Waldvögelein, dass es mir recht durchs ganze Herz klang:

altdeutsche Mode → Seite 119

Fliegt der erste Morgenstrahl
Durch das stille Nebeltal,
Rauscht erwachend Wald und Hügel:
Wer da fliegen kann, nimmt Flügel!

Und sein Hütlein in die Luft
Wirft der Mensch vor Lust und ruft:

Hat Gesang doch auch noch Schwingen,
Nun so will ich fröhlich singen!

Dabei spielten die rötlichen Morgenscheine recht anmutig über sein etwas blasses Gesicht und die schwarzen verliebten Augen. Ich aber war so müde, dass sich mir die Worte und Noten, während er so sang, immer mehr verwirrten, bis ich zuletzt fest einschlief.

Als ich nach und nach wieder zu mir selber kam, hörte ich wie im Traume die beiden Maler noch immer neben mir sprechen und die Vögel über mir singen, und die Morgenstrahlen schimmerten mir durch die geschlossenen Augen, dass mir's innerlich so dunkelhell war, wie wenn die Sonne durch rotseidene Gardinen scheint. *Come é bello!* hört' ich da dicht neben mir ausrufen. Ich schlug die Augen auf, und erblickte den jungen Maler, der im funkelnden Morgenlicht über mich hergebeugt stand, so dass beinah nur die großen schwarzen Augen zwischen den herabhängenden Locken zu sehen waren.

Come é bello! (ital.) Wie schön er ist!

Ich sprang geschwind auf, denn es war schon heller Tag geworden. Der Herr Leonhard schien verdrüßlich zu sein, er hatte zwei zornige Falten auf der Stirn und trieb hastig zum Aufbruch. Der andere Maler aber schüttelte seine Locken aus dem Gesicht und trällerte, während er sein Pferd aufzäumte, ruhig ein Liedchen vor sich hin, bis Leonhard zuletzt plötzlich laut auflachte, schnell eine Flasche ergriff, die noch auf dem Rasen stand und den Rest in die Gläser einschenkte. »Auf eine glückliche Ankunft!« rief er aus, sie stießen mit den Gläsern zusammen, es gab einen schönen Klang. Darauf schleuderte Leonhard die leere Flasche hoch ins Morgenrot, dass es lustig in der Luft funkelte.

Endlich setzten sie sich auf ihre Pferde, und ich marschierte frisch wieder nebenher. Gerade vor uns lag ein unübersehli-

unübersehliches unüberschaubares

ches Tal, in das wir nun hinunterzogen. Da war ein Blitzen und Rauschen und Schimmern und Jubilieren! Mir war so kühl und fröhlich zu Mute, als sollt' ich von dem Berge in die prächtige Gegend hinausfliegen.

Viertes Kapitel

Nun ade, Mühle und Schloss und Portier! Nun ging's, dass mir der Wind am Hute pfiff. Rechts und links flogen Dörfer, Städte und Weingärten vorbei, dass es einem vor den Augen flimmerte; hinter mir die beiden Maler im Wagen, vor mir vier Pferde mit einem prächtigen Postillon, ich hoch oben auf dem Kutschbock, dass ich oft ellenhoch in die Höhe flog.

ellenhoch Die Elle ist ein altes Längenmaß, das ursprünglich der Länge eines Unterarms entsprach.

Flauschrock Mantel aus weichem Wollstoff

Bücklinge Verneigungen

Mantelsack Reisesack zur Unterbringung des Mantels und anderer Kleidungsstücke

Das war so zugegangen: Als wir vor B. ankommen, kommt schon am Dorfe ein langer, dürrer, grämlicher Herr im grünen Flauschrock uns entgegen, macht viele Bücklinge vor den Herrn Malern und führt uns in das Dorf hinein. Da stand unter den hohen Linden vor dem Posthause schon ein prächtiger Wagen mit vier Postpferden bespannt. Herr Leonhard meinte unterwegs, ich hätte meine Kleider ausgewachsen. Er holte daher geschwind andere aus seinem Mantelsack hervor, und ich musste einen ganz neuen schönen Frack und Weste anziehn, die mir sehr vornehm zu Gesicht standen, nur dass mir alles zu lang und weit war und ordentlich um mich herumschlotterte. Auch einen ganz neuen Hut bekam ich, der funkelte in der Sonne, als wär er mit frischer Butter überschmiert. Dann nahm der fremde grämliche Herr die beiden Pferde der Maler am Zügel, die Maler sprangen in den Wagen, ich auf den Bock, und so flogen wir schon fort, als eben der Postmeister mit der Schlafmütze aus dem Fenster guckte. Der Postillon blies lustig auf dem Horne, und so ging es frisch nach Italien hinein.

Ich hatte eigentlich da droben ein prächtiges Leben, wie der Vogel in der Luft, und brauchte doch dabei nicht selbst zu fliegen. Zu tun hatte ich auch weiter nichts, als Tag und Nacht auf dem Bocke zu sitzen, und bei den Wirtshäusern manchmal Essen und Trinken an den Wagen herauszubringen, denn die Maler sprachen nirgends ein, und bei Tage zogen sie die Fenster am Wagen so fest zu, als wenn die Sonne sie erstechen wollte. Nur zuweilen steckte der Herr Guido sein hübsches Köpfchen zum Wagenfenster heraus und diskurrierte freundlich mit mir und lachte dann den Herrn Leonhard aus, der das nicht leiden wollte, und jedesmal über die langen Diskurse böse wurde. Ein paarmal hätte ich bald Verdruss bekommen mit meinem Herrn. Das eine Mal, wie ich bei schöner, sternklarer Nacht droben auf dem Bock die Geige zu spielen anfing, und sodann späterhin wegen des Schlafes. Das war aber auch ganz zum Erstaunen! Ich wollte mir doch Italien recht genau besehen, und riss die Augen alle Viertelstunden weit auf. Aber kaum hatte ich ein Weilchen so vor mich hingesehen, so verschwirrten und verwickelten sich mir die sechzehn Pferdefüße vor mir wie Filet so hin und her und übers Kreuz, dass mir die Augen gleich wieder übergingen, und zuletzt geriet ich in ein solches entsetzliches und unaufhaltsames Schlafen, dass gar kein Rat mehr war. Da mocht' es Tag oder Nacht, Regen oder Sonnenschein, Tirol oder Italien sein, ich hing bald rechts, bald links, bald rücklings über den Bock herunter, ja manchmal tunkte ich mit solcher Vehemenz mit dem Kopfe nach dem Boden zu, dass mir der Hut weit vom Kopfe flog, und der Herr Guido im Wagen laut aufschrie.

So war ich, ich weiß selbst nicht wie, durch halb Welschland, das sie dort Lombardei nennen, durchgekommen, als

sprachen nirgends ein kehrten nirgends ein

Diskurse Unterhaltungen, Gespräche

Filet (frz.) Stickerei; netzartiges Gewebe

dass mir die Augen gleich wieder übergingen dass ich gleich wieder gewaltig ins Staunen geriet; dass mir alles wie ein Traum erschien

Vehemenz Heftigkeit, Wucht

Welschland früher im deutschen Sprachraum geläufige Bezeichnung für Italien

Lombardei → Seite 119

wir an einem schönen Abend vor einem Wirtshause auf dem Lande stillhielten. Die Postpferde waren in dem daranstoßenden Stationsdorfe erst nach ein paar Stunden bestellt, die Herren Maler stiegen daher aus und ließen sich in ein besonderes Zimmer führen, um hier ein wenig zu rasten und einige Briefe zu schreiben. Ich aber war sehr vergnügt darüber, und verfügte mich sogleich in die Gaststube, um endlich wieder einmal so recht mit Ruhe und Kommodität zu essen und zu trinken. Da sah es ziemlich lüderlich aus. Die Mägde gingen mit zerzottelten Haaren herum, und hatten die offnen Halstücher unordentlich um das gelbe Fell hängen. Um einen runden Tisch saßen die Knechte vom Hause in blauen Überziehhemden beim Abendessen, und glotzten mich zuweilen von der Seite an. Die hatten alle kurze, dicke Haarzöpfe und sahen so recht vornehm wie junge Herrlein aus. – Da bist du nun, dachte ich bei mir, und aß fleißig fort, da bist du nun endlich in dem Lande, woher immer die kuriosen Leute zu unserm Herrn Pfarrer kamen, mit Mausefallen und Barometern und Bildern. Was der Mensch doch nicht alles erfährt, wenn er sich einmal hinterm Ofen hervormacht!

Wie ich noch eben so esse und meditiere, wuscht ein Männlein, das bis jetzt in einer dunklen Ecke der Stube bei seinem Glase Wein gesessen hatte, auf einmal aus seinem Winkel wie eine Spinne auf mich los. Er war ganz kurz und bucklicht, hatte aber einen großen grauslichen Kopf mit einer langen römischen Adlernase und sparsamen roten Backenbart, und die gepuderten Haare standen ihm von allen Seiten zu Berge, als wenn der Sturmwind durchgefahren wäre. Dabei trug er einen altmodischen, verschossenen Frack, kurze plüschene Beinkleider und ganz vergelbte seidene Strümpfe. Er war einmal in Deutschland gewesen, und dachte Wunder wie gut er deutsch verstünde. Er setzte sich

Kommodität (frz.) Annehmlichkeit, Bequemlichkeit

lüderlich liederlich, unordentlich, vernachlässigt

Fell die zuvor erwähnten »zerzottelten Haare[ ]«

kuriosen merkwürdigen

wuscht huscht (Nebenform von ›wuschen‹: ›sich schnell bewegen‹)

bucklicht Nebenform von ›bucklig‹

verschossenen (in der Farbe) verblichenen

plüschene aus weichem Plüschstoff gefertigte

vergelbte vergilbte, ausgebleichte

zu mir und frug bald das, bald jenes, während er immerfort Tabak schnupfte: ob ich der Servitore sei? wenn wir arriware? ob wir nach Roma kehn? aber das wusste ich alles selber nicht, und konnte auch sein Kauderwelsch gar nicht verstehn. *»Parlez-vous françois?«* sagte ich endlich in meiner Angst zu ihm. Er schüttelte mit dem großen Kopfe, und das war mir sehr lieb, denn ich konnte ja auch nicht Französisch. Aber das half alles nichts. Er hatte mich einmal recht aufs Korn genommen, er frug und frug immer wieder; je mehr wir parlierten, je weniger verstand einer den andern, zuletzt wurden wir beide schon hitzig, so dass mir's manchmal vorkam, als wollte der Signor mit seiner Adlernase nach mir hacken, bis endlich die Mägde, die den babylonischen Diskurs mit angehört hatten, uns beide tüchtig auslachten. Ich aber legte schnell Messer und Gabel hin und ging vor die Haustür hinaus. Denn mir war in dem fremden Lande nicht anders, als wäre ich mit meiner deutschen Zunge tausend Klafter tief ins Meer versenkt, und allerlei unbekanntes Gewürm ringelte sich und rauschte da in der Einsamkeit um mich her, und glotzte und schnappte nach mir.

Draußen war eine warme Sommernacht, so recht um passatim zu gehn. Weit von den Weinbergen herüber hörte man noch zuweilen einen Winzer singen, dazwischen blitzte es manchmal von ferne, und die ganze Gegend zitterte und säuselte im Mondenschein. Ja manchmal kam es mir vor, als schlüpfte eine lange dunkle Gestalt hinter den Haselnusssträuchen vor dem Hause vorüber und guckte durch die Zweige, dann war alles auf einmal wieder still. – Da trat der Herr Guido eben auf den Balkon des Wirtshauses heraus. Er bemerkte mich nicht, und spielte sehr geschickt auf einer Zither, die er im Hause gefunden haben musste, und sang dann dazu wie eine Nachtigall.

Servitore (ital.) Diener

wenn wann

arriware an(ge)kommen (Eindeutschung von ital. ›arrivare‹)

Kauderwelsch (unverständliches) Sprachengemisch

»Parlez-vous françois?« (frz.) »Sprechen Sie französisch?« (korrekt: »Parlez-vous français?«)

parlierten plauderten, uns unterhielten

Signor (ital.) Herr

babylonischen Diskurs → Seite 119

Klafter → Seite 119

passatim zu gehn → Seite 119

Zither alpenländisches Zupfinstrument

Schweigt der Menschen laute Lust:
Rauscht die Erde wie in Träumen
Wunderbar mit allen Bäumen,
Was dem Herzen kaum bewusst,
Alte Zeiten, linde Trauer,
Und es schweifen leise Schauer
Wetterleuchtend durch die Brust.

linde milde, leise

Ich weiß nicht, ob er noch mehr gesungen haben mag, denn ich hatte mich auf die Bank vor der Haustür hingestreckt, und schlief in der lauen Nacht vor großer Ermüdung fest ein.

Es mochten wohl ein paar Stunden ins Land gegangen sein, als mich ein Posthorn aufweckte, das lange Zeit lustig in meine Träume hereinblies, ehe ich mich völlig besinnen konnte. Ich sprang endlich auf, der Tag dämmerte schon an den Bergen, und die Morgenkühle rieselte mir durch alle Glieder. Da fiel mir erst ein, dass wir ja um diese Zeit schon wieder weit fort sein wollten. Aha, dachte ich, heut ist einmal das Wecken und Auslachen an mir. Wie wird der Herr Guido mit dem verschlafenen Lockenkopfe herausfahren, wenn er mich draußen hört! So ging ich in den kleinen Garten am Hause dicht unter die Fenster, wo meine Herren wohnten, dehnte mich noch einmal recht ins Morgenrot hinein und sang fröhlichen Mutes:

Wenn der Hoppevogel schreit,
Ist der Tag nicht mehr weit,
Wenn die Sonne sich auftut,
Schmeckt der Schlaf noch so gut! –

Hoppevogel Hopfennachtvogel bzw. Wiedehopf

Das Fenster war offen, aber es blieb alles still oben, nur der Nachtwind ging noch durch die Weinranken, die sich bis in das Fenster hineinstreckten. – Nun was soll denn das wieder bedeuten? rief ich voll Erstaunen aus, und lief in das Haus und durch die stillen Gänge nach der Stube zu. Aber da gab es mir einen rechten Stich ins Herz. Denn wie ich die Türe aufreiße, ist alles leer, darin kein Frack, kein Hut, kein Stiefel. – Nur die Zither, auf der Herr Guido gestern gespielt hatte, hing an der Wand, auf dem Tische mitten in der Stube lag ein schöner voller Geldbeutel, worauf ein Zettel geklebt war. Ich hielt ihn näher ans Fenster, und traute meinen Augen kaum, es stand wahrhaftig mit großen Buchstaben darauf: Für den Herrn Einnehmer!

Was war mir aber das alles nütze, wenn ich meine lieben lustigen Herrn nicht wiederfand? Ich schob den Beutel in meine tiefe Rocktasche, das plumpte wie in einen tiefen Brunn', dass es mich ordentlich hintenüber zog. Dann rannte ich hinaus, machte einen großen Lärm und weckte alle Knechte und Mägde im Hause. Die wussten gar nicht, was ich wollte, und meinten, ich wäre verrückt geworden. Dann aber verwunderten sie sich nicht wenig, als sie oben das leere Nest sahen. Niemand wusste etwas von meinen Herren. Nur die eine Magd – wie ich aus ihren Zeichen und Gestikulationen zusammenbringen konnte – hatte bemerkt, dass der Herr Guido, als er gestern abends auf dem Balkon sang, auf einmal laut aufschrie, und dann geschwind zu dem andern Herrn in das Zimmer zurückstürzte. Als sie hernach in der Nacht einmal aufwachte, hörte sie draußen Pferdegetrappel. Sie guckte durch das kleine Kammerfenster und sah den bucklichten Signor, der gestern so viel mit mir gesprochen hatte, auf einem Schimmel im Mondschein quer übers Feld galoppieren, dass er immer ellenhoch überm Sattel in die Höhe flog und die Magd sich bekreuzte, weil es aussah, wie ein Gespenst, das auf einem dreibeinigen Pferde reitet. – Da wusst' ich nun gar nicht, was ich machen sollte.

Unterdes aber stand unser Wagen schon lange vor der Türe angespannt und der Postillon stieß ungeduldig ins Horn, dass er hätte bersten mögen, denn er musste zur bestimmten Stunde auf der nächsten Station sein, da alles durch Laufzettel bis auf die Minute vorausbestellt war. Ich rannte noch einmal um das ganze Haus herum und rief die Maler, aber niemand gab Antwort, die Leute aus dem Hause liefen zusammen und gafften mich an, der Postillon fluchte, die Pferde schnaubten, ich, ganz verblüfft, springe endlich geschwind in den Wagen hinein, der Hausknecht schlägt die Türe hinter mir zu, der Postillon knallt und so ging's mit mir fort in die weite Welt hinein.

bersten platzen

Laufzettel der Fahrplan der Postkutschen, der in den Stationen anzeigte, welche Routen die Postkutscher einschlagen und welche Aufträge sie ausführen sollten

Fünftes Kapitel

Wir fuhren nun über Berg und Tal Tag und Nacht immerfort. Ich hatte gar nicht Zeit, mich zu besinnen, denn wo wir hinkamen, standen die Pferde angeschirrt, ich konnte mit den Leuten nicht sprechen, mein Demonstrieren half also nichts; oft, wenn ich im Wirtshause eben beim besten Essen war, blies der Postillon, ich musste Messer und Gabel wegwerfen und wieder in den Wagen springen, und wusste doch eigentlich gar nicht, wohin und weswegen ich just mit so ausnehmender Geschwindigkeit fortreisen sollte.

mein Demonstrieren meine Erklärungen (von lat. ›demonstrare‹: ›beweisen, erklären‹)

Sonst war die Lebensart gar nicht so übel. Ich legte mich, wie auf einem Kanapee, bald in die eine, bald in die andere Ecke des Wagens, und lernte Menschen und Länder kennen, und wenn wir durch Städte fuhren, lehnte ich mich auf beide Arme zum Wagenfenster heraus und dankte den Leuten, die höflich vor mir den Hut abnahmen oder ich grüßte die Mädchen an den Fenstern wie ein alter Bekannter, die sich dann

Kanapee (frz.) Sofa

immer sehr verwunderten, und mir noch lange neugierig nachguckten.

Aber zuletzt erschrak ich sehr. Ich hatte das Geld in dem gefundenen Beutel niemals gezählt, den Postmeistern und Gastwirten musste ich überall viel bezahlen, und ehe ich mich's versah, war der Beutel leer. Anfangs nahm ich mir vor, sobald wir durch einen einsamen Wald führen, schnell aus dem Wagen zu springen und zu entlaufen. Dann aber tat es mir wieder leid, nun den schönen Wagen so allein zu lassen, mit dem ich sonst wohl noch bis ans Ende der Welt fortgefahren wäre.

Nun saß ich eben voller Gedanken und wusste nicht aus noch ein, als es auf einmal seitwärts von der Landstraße abging. Ich schrie zum Wagen heraus, auf den Postillon: wohin er denn fahre? Aber ich mochte sprechen was ich wollte, der Kerl sagte immer bloß: *»Si, Si, Signore!«* und fuhr immer über Stock und Stein, dass ich aus einer Ecke des Wagens in die andere flog.

»Si, Si, Signore!« (ital.) »Ja, ja, mein Herr!«

Das wollte mir gar nicht in den Sinn, denn die Landstraße lief grade durch eine prächtige Landschaft auf die untergehende Sonne zu, wohl wie in ein Meer von Glanz und Funken. Von der Seite aber, wohin wir uns gewendet hatten, lag ein wüstes Gebürge vor uns mit grauen Schluchten, zwischen denen es schon lange dunkel geworden war. – Je weiter wir fuhren, je wilder und einsamer wurde die Gegend. Endlich kam der Mond hinter den Wolken hervor, und schien auf einmal so hell zwischen die Bäume und Felsen herein, dass es ordentlich grauslich anzusehen war. Wir konnten nur langsam fahren in den engen steinigten Schluchten, und das einförmige ewige Gerassel des Wagens schallte an den Steinwänden weit in die stille Nacht, als führen wir in ein großes Grabgewölbe hinein. Nur von vielen Wasserfällen, die man aber nicht sehen konnte, war ein unaufhörliches Rauschen tiefer im Walde, und die Käuzchen riefen aus der Ferne immerfort: »Komm mit, komm mit!« – Dabei kam es mir vor, als wenn der Kutscher, der, wie ich jetzt erst sah, gar keine Uniform hatte und kein Postillon war, sich einige Mal unruhig umsahe und schneller zu fahren anfing, und wie ich mich recht zum Wagen herauslegte, kam plötzlich ein Reiter aus dem Gebüsch hervor, sprengte dicht vor unseren Pferden quer über den Weg, und verlor sich sogleich wieder auf der andern Seite im Walde. Ich war ganz verwirrt, denn, soviel ich bei dem hellen Mondschein erkennen konnte, war es dasselbe buckliche Männlein auf seinem Schimmel, das in dem Wirtshause mit der Adlernase nach mir gehackt hatte. Der Kutscher schüttelte den Kopf und lachte laut auf über die närrische Reiterei, wandte sich aber dann rasch zu mir um, sprach sehr viel und sehr eifrig, wovon ich leider nichts verstand, und fuhr dann noch rascher fort.

zum Wagen herauslegte aus der Kutsche herausbeugte

Ich aber war froh, als ich bald darauf von ferne ein Licht schimmern sah. Es fanden sich nach und nach noch mehrere Lichter, sie wurden immer größer und heller, und endlich kamen wir an einigen verräucherten Hütten vorüber, die wie Schwalbennester auf dem Felsen hingen. Da die Nacht warm war, so standen die Türen offen, und ich konnte darin die hell erleuchteten Stuben und allerlei lumpiges Gesindel sehen, das wie dunkle Schatten um das Herdfeuer herumhockte. Wir aber rasselten durch die stille Nacht einen Steinweg hinan, der sich auf einen hohen Berg hinaufzog. Bald überdeckten hohe Bäume und herabhängende Sträucher den ganzen Hohlweg, bald konnte man auf einmal wieder das ganze Firmament, und in der Tiefe die weite stille Runde von Bergen, Wäldern und Tälern übersehen. Auf dem Gipfel des Berges stand ein großes altes Schloss mit vielen Türmen im hellsten Mondenschein. – »Nun Gott befohlen!« rief ich

Gott befohlen Abschiedsgruß; deutsche Übersetzung des frz. Wortes »adieu«

aus, und war innerlich ganz munter geworden vor Erwartung, wo sie mich da am Ende noch hinbringen würden.

Es dauerte wohl noch eine gute halbe Stunde, ehe wir endlich auf dem Berge am Schlosstore ankamen. Das ging in einen breiten runden Turm hinein, der oben schon ganz verfallen war. Der Kutscher knallte dreimal, dass es weit in dem alten Schlosse widerhallte, wo ein Schwarm von Dohlen ganz erschrocken plötzlich aus allen Luken und Ritzen herausfuhr und mit großem Geschrei die Luft durchkreuzte. Darauf rollte der Wagen in den langen, dunklen Torweg hinein. Die Pferde gaben mit ihren Hufeisen Feuer auf dem Steinpflaster, ein großer Hund bellte, der Wagen donnerte zwischen den gewölbten Wänden. Die Dohlen schrien noch immer dazwischen – so kamen wir mit einem entsetzlichen Spektakel in den engen gepflasterten Schlosshof.

Dohlen schwarze Vögel aus der Gattung der Raben und Krähen

Eine kuriose Station! dachte ich bei mir, als nun der Wagen stillstand. Da wurde die Wagentür von draußen aufgemacht, und ein alter langer Mann mit einer kleinen Laterne sah mich unter seinen dicken Augenbraunen grämlich an. Er fasste mich dann unter den Arm und half mir, wie einem großen Herrn, aus dem Wagen heraus. Draußen vor der Haustür stand eine alte, sehr hässliche Frau im schwarzen Kamisol und Rock, mit einer weißen Schürze und schwarzen Haube, von der ihr ein langer Schnipper bis an die Nase herunterhing. Sie hatte an der einen Hüfte einen großen Bund Schlüssel hängen und hielt in der andern einen altmodischen Armleuchter mit zwei brennenden Wachskerzen. Sobald sie mich erblickte, fing sie an tiefe Knickse zu machen und sprach und frug sehr viel durcheinander. Ich verstand aber nichts davon und machte immerfort Kratzfüße vor ihr, und es war mir eigentlich recht unheimlich zu Mute.

Kamisol Mieder, Leibchen

Schnipper Stirnlappen an der Haube

Armleuchter mehrarmigen Kerzenleuchter

Kratzfüße Verbeugungen mit scharrender Rückwärtsbewegung des Fußes

Der alte Mann hatte unterdes mit seiner Laterne den Wagen von allen Seiten beleuchtet und brummte und schüttel-

Bagage (frz.) Gepäck

Schoppen Schuppen

Milchbart meist abschätzig (im Sinne fehlender Lebenserfahrung) gemeinte Bezeichnung für einen jungen Mann ohne oder mit sehr wenig Bartwuchs

te den Kopf, als er nirgend einen Koffer oder Bagage fand. Der Kutscher fuhr darauf, ohne Trinkgeld von mir zu fordern, den Wagen in einen alten Schoppen, der auf der Seite des Hofes schon offen stand. Die alte Frau aber bat mich sehr höflich durch allerlei Zeichen, ihr zu folgen. Sie führte mich mit ihren Wachskerzen durch einen langen schmalen Gang, und dann eine kleine steinerne Treppe herauf. Als wir an der Küche vorbeigingen, streckten ein paar junge Mägde neugierig die Köpfe durch die halbgeöffnete Tür und guckten mich so starr an, und winkten und nickten einander heimlich zu, als wenn sie in ihrem Leben noch kein Mannsbild gesehen hätten. Die Alte machte endlich oben eine Türe auf, da wurde ich anfangs ordentlich ganz verblüfft. Denn es war ein großes schönes herrschaftliches Zimmer mit goldenen Verzierungen an der Decke, und an den Wänden hingen prächtige Tapeten mit allerlei Figuren und großen Blumen. In der Mitte stand ein gedeckter Tisch mit Braten, Kuchen, Salat, Obst, Wein und Konfekt, dass einem recht das Herz im Leibe lachte. Zwischen den beiden Fenstern hing ein ungeheurer Spiegel, der vom Boden bis zur Decke reichte.

Ich muss sagen, das gefiel mir recht wohl. Ich streckte mich ein paarmal und ging mit langen Schritten vornehm im Zimmer auf und ab. Dann konnt' ich aber doch nicht widerstehen, mich einmal in einem so großen Spiegel zu besehen. Das ist wahr, die neuen Kleider vom Herrn Leonhard standen mir recht schön, auch hatte ich in Italien so ein gewisses feuriges Auge bekommen, sonst aber war ich grade noch so ein Milchbart, wie ich zu Hause gewesen war, nur auf der Oberlippe zeigten sich erst ein paar Flaumfedern.

Die alte Frau mahlte indes in einem fort mit ihrem zahnlosen Munde, dass es nicht anders aussah, als wenn sie an der langen herunterhängenden Nasenspitze kaute. Dann nötigte sie mich zum Sitzen, streichelte mir mit ihren dürren Fingern das Kinn, nannte mich *poverino!* wobei sie mich aus den roten Augen so schelmisch ansah, dass sich ihr der eine Mundwinkel bis an die halbe Wange in die Höhe zog, und ging endlich mit einem tiefen Knicks zur Türe hinaus.

poverino! (ital.) Ärmster!

Ich aber setzte mich zu dem gedeckten Tisch, während eine junge hübsche Magd hereintrat, um mich bei der Tafel zu bedienen. Ich knüpfte allerlei galanten Diskurs mit ihr an, sie verstand mich aber nicht, sondern sah mich immer ganz kurios von der Seite an, weil mir's so gut schmeckte, denn das Essen war delikat. Als ich satt war und wieder aufstand, nahm die Magd ein Licht von der Tafel und führte mich in ein anderes Zimmer. Da war ein Sofa, ein kleiner Spiegel und ein prächtiges Bett mit grünseidenen Vorhängen. Ich frug sie mit Zeichen, ob ich mich da hineinlegen sollte? Sie nickte zwar: »Ja«, aber das war denn doch nicht möglich, denn sie blieb wie angenagelt bei mir stehen. Endlich holte ich mir noch ein großes Glas Wein aus der Tafelstube herein und rief ihr zu: *»felicissima notte!«* denn so viel hatt' ich schon Italienisch gelernt. Aber wie ich das Glas so auf einmal ausstürzte, bricht sie plötzlich in ein verhaltnes Kichern aus, wird über und über rot, geht in die Tafelstube und macht die Türe hinter sich zu. »Was ist da zu lachen?« dachte ich ganz verwundert, »ich glaube die Leute in Italien sind alle verrückt.«

delikat erlesen, fein, lecker

der Tafelstube dem Esszimmer

»felicissima notte!« (ital.) »eine überaus gute Nacht!«

Ich hatte nun nur immer Angst vor dem Postillon, dass der gleich wieder zu blasen anfangen würde. Ich horchte am Fenster, aber es war alles stille draußen. Lass ihn blasen! dachte ich, zog mich aus und legte mich in das prächtige Bett. Das war nicht anders, als wenn man in Milch und Honig schwämme! Vor den Fenstern rauschte die alte Linde im Hofe, zuweilen fuhr noch eine Dohle plötzlich vom Dache auf, bis ich endlich voller Vergnügen einschlief.

als wenn man in Milch und Honig schwämme! → Seite 119

Sechstes Kapitel

Als ich wieder erwachte, spielten schon die ersten Morgenstrahlen an den grünen Vorhängen über mir. Ich konnte mich gar nicht besinnen, wo ich eigentlich wäre. Es kam mir vor, als führe ich noch immerfort im Wagen, und es hätte mir von einem Schlosse im Mondschein geträumt und von einer alten Hexe und ihrem blassen Töchterlein.

Ich sprang endlich rasch aus dem Bette, kleidete mich an, und sah mich dabei nach allen Seiten in dem Zimmer um. Da bemerkte ich eine kleine Tapetentür, die ich gestern gar nicht gesehen hatte. Sie war nur angelehnt, ich öffnete sie, und erblickte ein kleines nettes Stübchen, das in der Morgendämmerung recht heimlich aussah. Über einen Stuhl waren Frauenkleider unordentlich hingeworfen, auf einem Bettchen daneben lag das Mädchen, das mir gestern abends bei der Tafel aufgewartet hatte. Sie schlief noch ganz ruhig und hatte den Kopf auf den weißen bloßen Arm gelegt, über den ihre schwarzen Locken herabfielen. Wenn die wusste, dass die Tür offen war! sagte ich zu mir selbst und ging in mein Schlafzimmer zurück, während ich hinter mir wieder schloss und verriegelte, damit das Mädchen nicht erschrecken und sich schämen sollte, wenn sie erwachte.

Tapetentür unauffälliger, bündig in die Wand eingefügter und der Wandgestaltung angepasster Zu- bzw. Ausgang

heimlich behaglich

mir … bei der Tafel aufgewartet mir … das Essen serviert, mich … bei Tisch bedient

weißen … Arm blassen … Arm (vgl. die Seiten 11 und 116)

Draußen ließ sich noch kein Laut vernehmen. Nur ein früherwachtes Waldvöglein saß vor meinem Fenster auf einem Strauch, der aus der Mauer herauswuchs, und sang schon sein Morgenlied. »Nein«, sagte ich, »du sollst mich nicht beschämen und allein so früh und fleißig Gott loben!« – Ich nahm schnell meine Geige, die ich gestern auf das Tischchen gelegt hatte, und ging hinaus. Im Schlosse war noch alles totenstill, und es dauerte lange, ehe ich mich aus den dunklen Gängen ins Freie herausfand.

Als ich vor das Schloss heraustrat, kam ich in einen großen Garten, der auf breiten Terrassen, wovon die eine immer tiefer war als die andere, bis auf den halben Berg heruntergging. Aber das war eine lüderliche Gärtnerei. Die Gänge waren alle mit hohem Grase bewachsen, die künstlichen Figuren von Buchsbaum waren nicht beschnitten und streckten, wie Gespenster, lange Nasen oder ellenhohe spitzige Mützen in die Luft hinaus, dass man sich in der Dämmerung ordentlich davor hätte fürchten mögen. Auf einige zerbrochene Statuen über einer vertrockneten Wasserkunst war gar Wäsche aufgehängt, hin und wieder hatten sie mitten im Garten Kohl gebaut, dann kamen wieder ein paar ordinäre Blumen, alles unordentlich durcheinander, und von hohem wilden Unkraut überwachsen, zwischen dem sich bunte Eidechsen schlängelten. Zwischen den alten hohen Bäumen hindurch aber war überall eine weite, einsame Aussicht, eine Bergkoppe hinter der andern, so weit das Auge reichte.

Nachdem ich so ein Weilchen in der Morgendämmerung durch die Wildnis umherspaziert war, erblickte ich auf der Terrasse unter mir einen langen schmalen blassen Jüngling in einem langen braunen Kaputrock, der mit verschränkten Armen und großen Schritten auf und ab ging. Er tat als sähe er mich nicht, setzte sich bald darauf auf eine steinerne Bank hin, zog ein Buch aus der Tasche, las sehr laut, als wenn er predigte, sah dabei zuweilen zum Himmel, und stützte dann den Kopf ganz melancholisch auf die rechte Hand. Ich sah ihm lange zu, endlich wurde ich doch neugierig, warum er denn eigentlich so absonderliche Grimassen machte, und ging schnell auf ihn zu. Er hatte eben einen tiefen Seufzer ausgestoßen und sprang erschrocken auf, als ich ankam. Er war voller Verlegenheit, ich auch, wir wussten beide nicht, was wir sprechen sollten, und machten immerfort Komplimente voreinander, bis er endlich mit langen Schritten in das

Wasserkunst Springbrunnen

ordinäre (frz.) einfache, gewöhnliche

Bergkoppe alltagssprachlich für Bergkuppe, Berggipfel

Kaputrock Mantel mit Kapuze

Komplimente höfliche Verbeugungen

Gebüsch Reißaus nahm. Unterdes war die Sonne über dem Walde aufgegangen, ich sprang auf die Bank hinauf und strich vor Lust meine Geige, dass es weit in die stillen Täler herunterschallte. Die Alte mit dem Schlüsselbunde, die mich schon ängstlich im ganzen Schlosse zum Frühstück aufgesucht hatte, erschien nun auf der Terrasse über mir, und verwunderte sich, dass ich so artig auf der Geige spielen konnte. Der alte grämliche Mann vom Schlosse fand sich dazu und verwunderte sich ebenfalls, endlich kamen auch noch die Mägde, und alles blieb oben voller Verwunderung stehen, und ich fingerte und schwenkte meinen Fiedelbogen immer künstlicher und hurtiger und spielte Kadenzen und Variationen, bis ich endlich ganz müde wurde.

Kadenzen von einem Solisten frei gestaltete virtuose Passagen eines Musikstückes

Variationen Abwandlungen eines musikalischen Themas

Das war nun aber doch ganz seltsam auf dem Schlosse! Kein Mensch dachte da ans Weiterreisen. Das Schloss war auch gar kein Wirtshaus, sondern gehörte, wie ich von der Magd erfuhr, einem reichen Grafen. Wenn ich mich dann manchmal bei der Alten erkundigte, wie der Graf heiße, wo er wohne? Da schmunzelte sie immer bloß, wie den ersten Abend, da ich auf das Schloss kam, und kniff und winkte mir so pfiffig mit den Augen zu, als wenn sie nicht recht bei Sinne wäre. Trank ich einmal an einem heißen Tage eine ganze Flasche Wein aus, so kicherten die Mägde gewiss, wenn sie die andere brachten, und als mich dann gar einmal nach einer Pfeife Tabak verlangte, ich ihnen durch Zeichen beschrieb was ich wollte, da brachen alle in ein großes unvernünftiges Gelächter aus. – Am verwunderlichsten war mir eine Nachtmusik, die sich oft, und grade immer in den finstersten Nächten unter meinem Fenster hören ließ. Es griff auf einer Gitarre immer nur von Zeit zu Zeit einzelne, ganz leise Klänge. Das eine Mal aber kam es mir vor, als wenn es dabei von unten: »pst! pst!« heraufrief. Ich fuhr daher geschwind aus dem Bett, und mit dem Kopf aus dem Fenster.

»Holla! heda! wer ist da draußen?« rief ich hinunter. Aber es antwortete niemand, ich hörte nur etwas sehr schnell durch die Gesträuche fortlaufen. Der große Hund im Hofe schlug über meinem Lärm ein paarmal an, dann war auf einmal alles wieder still, und die Nachtmusik ließ sich seitdem nicht wieder vernehmen.

Sonst hatte ich hier ein Leben, wie sich's ein Mensch nur immer in der Welt wünschen kann. Der gute Portier! er wusste wohl was er sprach, wenn er immer zu sagen pflegte, dass in Italien einem die Rosinen von selbst in den Mund wüchsen. Ich lebte auf dem einsamen Schlosse wie ein verwunschener Prinz. Wo ich hintrat, hatten die Leute eine große Ehrerbietung vor mir, obgleich sie schon alle wussten, dass ich keinen Heller in der Tasche hatte. Ich durfte nur sagen: »Tischchen deck dich!« so standen auch schon herrliche Speisen, Reis, Wein, Melonen und Parmesankäse da. Ich ließ mir's wohlschmecken, schlief in dem prächtigen Himmelbett, ging im Garten spazieren, musizierte und half wohl auch manchmal in der Gärtnerei nach. Oft lag ich auch stundenlang im Garten im hohen Grase, und der schmale Jüngling (es war ein Schüler und Verwandter der Alten, der eben jetzt hier zur Vakanz war) ging mit seinem langen Kaputrock in weiten Kreisen um mich herum, und murmelte dabei, wie ein Zauberer, aus seinem Buche, worüber ich dann auch jedes Mal einschlummerte. – So verging ein Tag nach dem andern, bis ich am Ende anfing, von dem guten Essen und Trinken ganz melancholisch zu werden. Die Glieder gingen mir von dem ewigen Nichtstun ordentlich aus allen Gelenken, und es war mir, als würde ich vor Faulheit noch ganz auseinanderfallen.

durfte brauchte, musste

Schüler hier: Student

zur Vakanz in den Semesterferien

In dieser Zeit saß ich einmal an einem schwülen Nachmittage im Wipfel eines hohen Baumes, der am Abhange stand, und wiegte mich auf den Ästen langsam über dem stillen, tiefen Tale. Die Bienen summten zwischen den Blättern um mich herum, sonst war alles wie ausgestorben, kein Mensch war zwischen den Bergen zu sehen, tief unter mir auf den stillen Waldwiesen ruhten die Kühe auf dem hohen Grase. Aber ganz von Weiten kam der Klang eines Posthorns über die waldigen Gipfel herüber, bald kaum vernehmbar, bald wieder heller und deutlicher. Mir fiel dabei auf einmal ein altes Lied recht aufs Herz, das ich noch zu Hause auf meines Vaters Mühle von einem wandernden Handwerksburschen gelernt hatte, und ich sang:

Wer in die Fremde will wandern,
Der muss mit der Liebsten gehn,
Es jubeln und lassen die andern
Den Fremden alleine stehn.

Was wisset ihr, dunkele Wipfeln
Von der alten schönen Zeit?
Ach, die Heimat hinter den Gipfeln,
Wie liegt sie von hier so weit.

Am liebsten betracht' ich die Sterne,
Die schienen, wenn ich ging zu ihr,
Die Nachtigall hör ich so gerne,
Sie sang vor der Liebsten Tür.

Der Morgen, das ist meine Freude!
Da steig ich in stiller Stund
Auf den höchsten Berg in die Weite,
Grüß dich Deutschland aus Herzensgrund!

Es war, als wenn mich das Posthorn bei meinem Liede aus der Ferne begleiten wollte. Es kam, während ich sang, zwischen den Bergen immer näher und näher, bis ich es endlich gar oben auf dem Schlosshofe schallen hörte. Ich sprang rasch vom Baume herunter. Da kam mir auch schon die Alte mit einem geöffneten Pakete aus dem Schlosse entgegen. »Da ist auch etwas für Sie mitgekommen«, sagte sie, und reichte mir aus dem Paket ein kleines niedliches Briefchen. Es war ohne Aufschrift, ich brach es schnell auf. Aber da wurde ich auch auf einmal im ganzen Gesichte so rot, wie eine Päonie, und das Herz schlug mir so heftig, dass es die Alte merkte, denn das Briefchen war von – meiner schönen Fraue, von der ich manches Zettelchen bei dem Herrn Amtmann gesehen hatte. Sie schrieb darin ganz kurz: »Es ist alles wieder gut, alle Hindernisse sind beseitigt. Ich benutzte heimlich diese Gelegenheit, um die erste zu sein, die Ihnen diese freudige Botschaft schreibt. Kommen, eilen Sie zurück. Es ist so öde hier und ich kann kaum mehr leben, seit Sie von uns fort sind. Aurelie.«

brach es … auf öffnete es; brach das Siegel auf, mit dem es verschlossen war

Päonie Pfingstrose

von der ich … gesehen hatte gemeint ist: deren Handschrift mir vertraut war

Die Augen gingen mir über, als ich das las, vor Entzücken und Schreck und unsäglicher Freude. Ich schämte mich vor dem alten Weibe, die mich wieder abscheulich anschmunzelte, und flog wie ein Pfeil bis in den allereinsamsten Winkel des Gartens. Dort warf ich mich unter den Haselnusssträuchern ins Gras hin, und las das Briefchen noch einmal, sagte die Worte auswendig für mich hin, und las dann wieder und immer wieder, und die Sonnenstrahlen tanzten zwischen den Blättern hindurch über den Buchstaben, dass sie sich wie goldene und hellgrüne und rote Blüten vor meinen Augen ineinanderschlangen. Ist sie am Ende gar nicht verheiratet gewesen? dachte ich, war der fremde Offizier damals vielleicht ihr Herr Bruder, oder ist er nun tot, oder bin ich toll, oder – »Das ist alles einerlei!« rief ich endlich und sprang auf, »nun ist's ja klar, sie liebt mich ja, sie liebt mich!«

Die Augen gingen mir über Ich war überwältigt; möglicherweise auch im ganz wörtlichen Sinne: Ich weinte

Als ich aus dem Gesträuch wieder hervorkroch, neigte sich die Sonne zum Untergange. Der Himmel war rot, die Vögel sangen lustig in allen Wäldern, die Täler waren voller Schimmer, aber in meinem Herzen war es noch vieltausendmal schöner und fröhlicher!

Ich rief in das Schloss hinein, dass sie mir heut das Abendessen in den Garten herausbringen sollten. Die alte Frau, der alte grämliche Mann, die Mägde, sie mussten alle mit heraus und sich mit mir unter dem Baume an den gedeckten Tisch setzen. Ich zog meine Geige hervor und spielte und aß und trank dazwischen. Da wurden sie alle lustig, der alte Mann strich seine grämlichen Falten aus dem Gesicht und stieß ein Glas nach dem andern aus, die Alte plauderte in einem fort, Gott weiß was; die Mägde fingen an auf dem Rasen miteinander zu tanzen. Zuletzt kam auch noch der blasse Student neugierig hervor, warf einige verächtliche Blicke auf das Spektakel, und wollte ganz vornehm wieder weitergehen. Ich aber nicht zu faul, sprang geschwind auf, erwischte ihn, eh er sich's versah, bei seinem langen Überrock, und walzte tüchtig mit ihm herum. Er strengte sich nun an, recht zierlich und neumodisch zu tanzen, und füßelte so emsig und künstlich, dass ihm der Schweiß vom Gesicht herunterfloss und die langen Rockschöße wie ein Rad um uns herumflogen. Dabei sah er mich aber manchmal so kurios mit verdrehten Augen an, dass ich mich ordentlich vor ihm zu fürchten anfing und ihn plötzlich wieder losließ.

füßelte … künstlich trippelte … anmutig

Rockschöße → Seite 120

Die Alte hätte nun gar zu gern erfahren, was in dem Briefe stand, und warum ich denn eigentlich heut auf einmal so lustig war. Aber das war ja viel zu weitläuftig, um es ihr auseinandersetzen zu können. Ich zeigte bloß auf ein paar Kraniche, die eben hoch über uns durch die Luft zogen, und sagte: »ich müsste nun auch so fort und immer fort, weit in die Ferne!« – Da riss sie die vertrockneten Augen weit auf, und

weitläuftig umfangreich, komplex

blickte, wie ein Basilisk, bald auf mich, bald auf den alten Mann hinüber. Dann bemerkte ich, wie die beiden heimlich die Köpfe zusammensteckten, sooft ich mich wegwandte, und sehr eifrig miteinander sprachen, und mich dabei zuweilen von der Seite ansahen.

Basilisk oftmals mit Schlangenkörper und Vogelkopf dargestelltes Fabeltier aus der antiken Mythologie, dessen Blick den Betrachter versteinert oder tötet

Das fiel mir auf. Ich sann hin und her, was sie wohl mit mir vorhaben möchten. Darüber wurde ich stiller, die Sonne war auch schon lange untergegangen, und so wünschte ich allen gute Nacht und ging nachdenklich in meine Schlafstube hinauf.

Ich war innerlich so fröhlich und unruhig, dass ich noch lange im Zimmer auf und nieder ging. Draußen wälzte der Wind schwere schwarze Wolken über den Schlossturm weg, man konnte kaum die nächsten Bergkoppen in der dicken Finsternis erkennen. Da kam es mir vor, als wenn ich im Garten unten Stimmen hörte. Ich löschte mein Licht aus, und stellte mich ans Fenster. Die Stimmen schienen näher zu kommen, sprachen aber sehr leise miteinander. Auf einmal gab eine kleine Laterne, welche die eine Gestalt unterm Mantel trug, einen langen Schein. Ich erkannte nun den grämlichen Schlossverwalter und die alte Haushälterin. Das Licht blitzte über das Gesicht der Alten, das mir noch niemals so grässlich vorgekommen war, und über ein langes Messer, das sie in der Hand hielt. Dabei konnte ich sehen, dass sie beide eben nach meinem Fenster hinaufsahen. Dann schlug der Verwalter seinen Mantel wieder dichter um, und es war bald alles wieder finster und still.

Was wollen die, dachte ich, zu dieser Stunde noch draußen im Garten? Mich schauderte, denn es fielen mir alle Mordgeschichten ein, die ich in meinem Leben gehört hatte, von Hexen und Räubern, welche Menschen abschlachten, um ihre Herzen zu fressen. Indem ich noch so nachdenke, kommen Menschentritte, erst die Treppe herauf, dann auf dem langen

Gange ganz leise, leise auf meine Türe zu, dabei war es, als wenn zuweilen Stimmen heimlich miteinander wisperten. Ich sprang schnell an das andere Ende der Stube hinter einen großen Tisch, den ich, sobald sich etwas rührte, vor mir aufheben, und so mit aller Gewalt auf die Türe losrennen wollte. Aber in der Finsternis warf ich einen Stuhl um, dass es ein entsetzliches Gepolter gab. Da wurde es auf einmal ganz still draußen. Ich lauschte hinter dem Tisch und sah immerfort nach der Tür, als wenn ich sie mit den Augen durchstechen wollte, dass mir ordentlich die Augen zum Kopfe heraus standen. Als ich mich ein Weilchen wieder so ruhig verhalten hatte, dass man die Fliegen an der Wand hätte gehen hören, vernahm ich, wie jemand von draußen ganz leise einen Schlüssel ins Schlüsselloch steckte. Ich wollte nun eben mit meinem Tische losfahren, da drehte es den Schlüssel langsam dreimal in der Tür um, zog ihn vorsichtig wieder heraus und schnurrte dann sachte über den Gang und die Treppe hinunter.

Ich schöpfte nun tief Atem. Oho, dachte ich, da haben sie dich eingesperrt, damit sie's kommode haben, wenn ich erst fest eingeschlafen bin. Ich untersuchte geschwind die Tür. Es war richtig, sie war fest verschlossen, ebenso die andere Tür, hinter der die hübsche bleiche Magd schlief. Das war noch niemals geschehen, solange ich auf dem Schlosse wohnte.

Da saß ich nun in der Fremde gefangen! Die schöne Frau stand nun wohl an ihrem Fenster und sah über den stillen Garten nach der Landstraße hinaus ob ich nicht schon am Zollhäuschen mit meiner Geige dahergestrichen komme, die Wolken flogen rasch über den Himmel, die Zeit verging – und ich konnte nicht fort von hier! Ach, mir war so weh im Herzen, ich wusste gar nicht mehr, was ich tun sollte. Dabei war mir's auch immer, wenn die Blätter draußen rauschten, oder eine Ratte am Boden knosperte, als wäre die Alte durch eine verborgene Tapetentür heimlich hereingetreten und lauere und schleiche leise mit dem langen Messer durchs Zimmer.

knosperte knusperte, nagte

Als ich so voll Sorgen auf dem Bette saß, hörte ich auf einmal seit langer Zeit wieder die Nachtmusik unter meinen Fenstern. Bei dem ersten Klange der Gitarre war es mir nicht anders, als wenn mir ein Morgenstrahl plötzlich durch die Seele führe. Ich riss das Fenster auf und rief leise herunter, dass ich wach sei. »Pst, pst!« antwortete es von unten. Ich besann mich nun nicht lange, steckte das Briefchen und meine Geige zu mir, schwang mich aus dem Fenster, und kletterte an der alten, zersprungenen Mauer hinab, indem ich mich mit den Händen an den Sträuchern, die aus den Ritzen wuchsen, anhielt. Aber einige morsche Ziegel gaben nach, ich kam ins Rutschen, es ging immer rascher und rascher mit mir, bis ich endlich mit beiden Füßen aufplumpte, dass mir's im Gehirnkasten knisterte.

Kaum war ich auf diese Art unten im Garten angekommen, so umarmte mich jemand mit solcher Vehemenz, dass ich laut aufschrie. Der gute Freund aber hielt mir schnell die Finger auf den Mund, fasste mich bei der Hand und führte mich dann aus dem Gesträuch ins Freie hinaus. Da erkannte ich mit Verwunderung den guten langen Studenten, der die Gitarre an einem breiten, seidenen Bande um den Hals hängen hatte. – Ich beschrieb ihm nun in größter Geschwindigkeit, dass ich aus dem Garten hinauswollte. Er schien aber das alles schon lange zu wissen, und führte mich auf allerlei verdeckten Umwegen zu dem untern Tore in der hohen Gartenmauer. Aber da war nun auch das Tor wieder fest verschlossen! Doch der Student hatte auch das schon vorbedacht, er zog einen großen Schlüssel hervor und schloss behutsam auf.

Als wir nun in den Wald hinaustraten und ich ihn eben noch um den besten Weg zur nächsten Stadt fragen wollte, stürzte er plötzlich vor mir auf ein Knie nieder, hob die eine Hand hoch in die Höh', und fing an zu fluchen und an zu schwören, dass es entsetzlich anzuhören war. Ich wusste gar nicht, was er wollte, ich hörte nur immerfort: *Idio* und *cuore* und *amore* und *furore!* Als er aber am Ende gar anfing, auf beiden Knien schnell und immer näher auf mich zuzurutschen, da wurde mir auf einmal ganz grauslich, ich merkte wohl, dass er verrückt war, und rannte, ohne mich umzusehen, in den dicksten Wald hinein.

Idio … cuore … amore … furore (ital.) Gott … Herz … Liebe … Raserei

Ich hörte nun den Studenten wie rasend hinter mir drein schreien. Bald darauf gab noch eine andere grobe Stimme vom Schlosse her Antwort. Ich dachte mir nun wohl, dass sie mich aufsuchen würden. Der Weg war mir unbekannt, die Nacht finster, ich konnte ihnen leicht wieder in die Hände fallen. Ich kletterte daher auf den Wipfel einer hohen Tanne hinauf, um bessere Gelegenheit abzuwarten.

dass sie mich aufsuchen würden dass sie nach mir suchen, dass sie mich verfolgen würden

Von dort konnte ich hören, wie auf dem Schlosse eine Stimme nach der andern wach wurde. Einige Windlichter zeigten sich oben und warfen ihre wilden roten Scheine über das alte Gemäuer des Schlosses und weit vom Berge in die schwarze Nacht hinein. Ich befahl meine Seele dem lieben Gott, denn das verworrene Getümmel wurde immer lauter und näherte sich immer mehr und mehr. Endlich stürzte der Student mit einer Fackel unter meinem Baume vorüber, dass ihm die Rockschöße weit im Winde nachflogen. Dann schienen sie sich alle nach und nach auf eine andere Seite des Berges hinzuwenden, die Stimmen schallten immer ferner und ferner, und der Wind rauschte wieder durch den stillen Wald. Da stieg ich schnell von dem Baume herab, und lief atemlos weiter in das Tal und die Nacht hinaus.

Windlichter Laternen (siehe Seite 26)

befahl meine Seele dem lieben Gott wandte mich (in Erwartung des Todes) an Gott, damit er sich meiner Seele annehme

Siebentes Kapitel

Ich war Tag und Nacht eilig fortgegangen, denn es sauste mir lange in den Ohren, als kämen die von dem Berge mit ihrem Rufen, mit Fackeln und langen Messern noch immer hinter mir drein. Unterwegs erfuhr ich, dass ich nur noch ein paar Meilen von Rom wäre. Da erschrak ich ordentlich vor Freude. Denn von dem prächtigen Rom hatte ich schon zu Hause als Kind viele wunderbare Geschichten gehört, und wenn ich dann an Sonntagsnachmittagen vor der Mühle im Grase lag und alles ringsum so stille war, da dachte ich mir Rom wie die ziehenden Wolken über mir, mit wundersamen Bergen und Abgründen am blauen Meer, und goldnen Toren und hohen glänzenden Türmen, von denen Engel in goldenen Gewändern sangen. – Die Nacht war schon wieder lange hereingebrochen, und der Mond schien prächtig, als ich endlich auf einem Hügel aus dem Walde heraustrat, und auf einmal die Stadt in der Ferne vor mir sah. – Das Meer leuchtete von Weiten, der Himmel blitzte und funkelte unübersehbar mit unzähligen Sternen, darunter lag die heilige Stadt, von der man nur einen langen Nebelstreif erkennen konnte, wie ein eingeschlafner Löwe auf der stillen Erde, und Berge standen daneben, wie dunkle Riesen, die ihn bewachten.

goldnen Toren und hohen glänzenden Türmen, von denen Engel in goldenen Gewändern sangen → Seite 120

Ich kam nun zuerst auf eine große, einsame Heide, auf der es so grau und still war, wie im Grabe. Nur hin und her stand ein altes verfallenes Gemäuer oder ein trockener wunderbar gewundener Strauch; manchmal schwirrten Nachtvögel durch die Luft, und mein eigener Schatten strich immerfort lang und dunkel in der Einsamkeit neben mir her. Sie sagen, dass hier eine uralte Stadt und die Frau Venus begraben liegt, und die alten Heiden zuweilen noch aus ihren Gräbern heraufsteigen und bei stiller Nacht über die Heide gehn und

hin und her hier und da (siehe Seite 40)

eine uralte Stadt und die Frau Venus → Seite 120

die Wanderer verwirren. Aber ich ging immer grade fort und ließ mich nichts anfechten. Denn die Stadt stieg immer deutlicher und prächtiger vor mir herauf, und die hohen Burgen und Tore und goldenen Kuppeln glänzten so herrlich im hellen Mondschein, als ständen wirklich die Engel in goldenen Gewändern auf den Zinnen und sängen durch die stille Nacht herüber.

ließ mich nichts anfechten ließ mich nicht einschüchtern

So zog ich denn endlich, erst an kleinen Häusern vorbei, dann durch ein prächtiges Tor in die berühmte Stadt Rom hinein. Der Mond schien zwischen den Palästen, als wäre es heller Tag, aber die Straßen waren schon alle leer, nur hin und wieder lag ein lumpiger Kerl, wie ein Toter, in der lauen Nacht auf den Marmorschwellen und schlief. Dabei rauschten die Brunnen auf den stillen Plätzen, und die Gärten an der Straße säuselten dazwischen und erfüllten die Luft mit erquickenden Düften.

Wie ich nun eben so weiter fortschlendere, und vor Vergnügen, Mondschein und Wohlgeruch gar nicht weiß, wohin ich mich wenden soll, lässt sich tief aus dem einen Garten eine Gitarre hören. Mein Gott, denk ich, da ist mir wohl der tolle Student mit dem langen Überrock heimlich nachgesprungen! Darüber fing eine Dame in dem Garten an überaus lieblich zu singen. Ich stand ganz wie bezaubert, denn es war die Stimme der schönen gnädigen Frau, und dasselbe welsche Liedchen, das sie gar oft zu Hause am offnen Fenster gesungen hatte.

Darüber Indessen

welsche hier: italienische (vgl. Seite 45); ›welsch‹ steht im Allgemeinen für den romanischen Kulturraum (vor allem Frankreich und Italien, seltener für Spanien).

Da fiel mir auf einmal die schöne alte Zeit mit solcher Gewalt aufs Herz, dass ich bitterlich hätte weinen mögen, der stille Garten vor dem Schloss in früher Morgenstunde, und wie ich da hinter dem Strauch so glückselig war, ehe mir die dumme Fliege in die Nase flog. Ich konnte mich nicht länger halten. Ich kletterte auf den vergoldeten Zierraten über das Gittertor, und schwang mich in den Garten hinunter, woher

Zierraten Verzierungen, Ornamenten

der Gesang kam. Da bemerkte ich, dass eine schlanke weiße Gestalt von fern hinter einer Pappel stand und mir erst verwundert zusah, als ich über das Gitterwerk kletterte, dann aber auf einmal so schnell durch den dunklen Garten nach dem Hause zuflog, dass man sie im Mondschein kaum füßeln sehen konnte. »Das war sie selbst!« rief ich aus, und das Herz schlug mir vor Freude, denn ich erkannte sie gleich an den kleinen, geschwinden Füßchen wieder. Es war nur schlimm, dass ich mir beim Herunterspringen vom Gartentore den rechten Fuß etwas vertreten hatte, ich musste daher erst ein paarmal mit dem Beine schlenkern, eh ich zu dem Hause nachspringen konnte. Aber da hatten sie unterdes Tür und Fenster fest verschlossen. Ich klopfte ganz bescheiden an, horchte und klopfte wieder. Da war es nicht anders, als wenn es drinnen leise flüsterte und kicherte, ja einmal kam es mir vor, als wenn zwei helle Augen zwischen den Jalousien im Mondschein hervorfunkelten. Dann war auf einmal wieder alles still.

füßeln trippeln, (mit kleinen Schritten) schnell gehen

»Sie weiß nur nicht, dass ich es bin«, dachte ich, zog die Geige, die ich allzeit bei mir trage, hervor, spazierte damit auf dem Gange vor dem Hause auf und nieder, und spielte und sang das Lied von der schönen Frau, und spielte voll Vergnügen alle meine Lieder durch, die ich damals in den schönen Sommernächten im Schlossgarten, oder auf der Bank vor dem Zollhause gespielt hatte, dass es weit bis in die Fenster des Schlosses hinüberklang. – Aber es half alles nichts, es rührte und regte sich niemand im ganzen Hause. Da steckte ich endlich meine Geige traurig ein, und legte mich auf die Schwelle vor der Haustür hin, denn ich war sehr müde von dem langen Marsch. Die Nacht war warm, die Blumenbeete vor dem Hause dufteten lieblich, eine Wasserkunst weiter unten im Garten plätscherte immerfort dazwischen. Mir träumte von himmelblauen Blumen, von schönen, dunkel-

Gründen Tälern

grünen, einsamen Gründen, wo Quellen rauschten und Bächlein gingen, und bunte Vögel wunderbar sangen, bis ich endlich fest einschlief.

Als ich aufwachte, rieselte mir die Morgenluft durch alle Glieder. Die Vögel waren schon wach und zwitscherten auf den Bäumen um mich herum, als ob sie mich für'n Narren haben wollten. Ich sprang rasch auf und sah mich nach allen Seiten um. Die Wasserkunst im Garten rauschte noch immerfort, aber in dem Hause war kein Laut zu vernehmen. Ich guckte durch die grünen Jalousien in das eine Zimmer hinein. Da war ein Sofa, und ein großer runder Tisch mit grauer Leinwand verhangen, die Stühle standen alle in großer Ordnung und unverrückt an den Wänden herum; von außen aber waren die Jalousien an allen Fenstern heruntergelassen, als wäre das ganze Haus schon seit vielen Jahren unbewohnt. – Da überfiel mich ein ordentliches Grausen vor dem einsamen Hause und Garten und vor der gestrigen weißen Gestalt. Ich lief, ohne mich weiter umzusehen, durch die stillen Lauben und Gänge, und kletterte geschwind wieder an dem Gartentor hinauf. Aber da blieb ich wie verzaubert sitzen, als ich auf einmal von dem hohen Gitterwerk in die prächtige Stadt hinuntersah. Da blitzte und funkelte die Morgensonne weit über die Dächer und in die langen stillen Straßen hinein, dass ich laut aufjauchzen musste, und voller Freude auf die Straße hinuntersprang.

Aber wohin sollt' ich mich wenden in der großen fremden Stadt? Auch ging mir die konfuse Nacht und das welsche Lied der schönen gnädigen Frau von gestern noch immer im Kopfe hin und her. Ich setzte mich endlich auf den steinernen Springbrunnen, der mitten auf dem einsamen Platze stand, wusch mir in dem klaren Wasser die Augen hell und sang dazu:

wusch mir … die Augen hell wusch mir … den Nachtschlaf aus den Augen

Wenn ich ein Vöglein wär,
Ich wüsst' wohl, wovon ich sänge,
Und auch zwei Flüglein hätt',
Ich wüsst' wohl, wohin ich mich schwänge!

Wenn ich ein Vöglein wär … mich schwänge! → Seite 120

»Ei, lustiger Gesell, du singst ja wie eine Lerche beim ersten Morgenstrahl!« sagte da auf einmal ein junger Mann zu mir, der während meines Liedes an den Brunnen herangetreten war. Mir aber, da ich so unverhofft deutsch sprechen hörte, war es nicht anders im Herzen, als wenn die Glocke aus meinem Dorfe am stillen Sonntagsmorgen plötzlich zu mir herüberklänge. »Gott, willkommen, bester Herr Landsmann!« rief ich aus und sprang voller Vergnügen von dem steinernen Brunnen herab. Der junge Mann lächelte und sah mich von oben bis unten an. »Aber was treibt Ihr denn eigentlich hier in Rom?« fragte er endlich. Da wusste ich nun nicht gleich, was ich sagen sollte, denn dass ich soeben der schönen gnädigen Frau nachspränge, mocht' ich ihm nicht sagen. »Ich treibe«, erwiderte ich, »mich selbst ein bisschen herum, um die Welt zu sehn.« – »So so!« versetzte der junge Mann und lachte laut auf, »da haben wir ja *ein* Metier. Das tu ich eben auch, um die Welt zu sehn, und hinterdrein abzumalen.« – »Also ein Maler!« rief ich fröhlich aus, denn mir fiel dabei Herr Leonhard und Guido ein. Aber der Herr ließ mich nicht zu Worte kommen. »Ich denke«, sagte er, »du gehst mit und frühstückst bei mir, da will ich dich selbst abkonterfeien, dass es eine Freude sein soll!« – Das ließ ich mir gern gefallen, und wanderte nun mit dem Maler durch die leeren Straßen, wo nur hin und wieder erst einige Fensterladen aufgemacht wurden und bald ein paar weiße Arme, bald ein verschlafnes Gesichtchen in die frische Morgenluft hinausguckte.

abkonterfeien porträtieren, malen

Er führte mich lange hin und her durch eine Menge konfuser enger und dunkler Gassen, bis wir endlich in ein altes

hineinwuschten hineinhuschten (siehe Seite 46)

verräuchertes Haus hineinwuschten. Dort stiegen wir eine finstre Treppe hinauf, dann wieder eine, als wenn wir in den Himmel hineinsteigen wollten. Wir standen nun unter dem Dache vor einer Tür still, und der Maler fing an in allen Taschen vorn und hinten mit großer Eilfertigkeit zu suchen. Aber er hatte heute früh vergessen zuzuschließen und den Schlüssel in der Stube gelassen. Denn er war, wie er mir unterweges erzählte, noch vor Tagesanbruch vor die Stadt hinausgegangen, um die Gegend bei Sonnenaufgang zu betrachten. Er schüttelte nur mit dem Kopfe und stieß die Türe mit dem Fuße auf.

Das war eine lange, lange große Stube, dass man darin hätte tanzen können, wenn nur nicht auf dem Fußboden alles voll gelegen hätte. Aber da lagen Stiefeln, Papiere, Kleider, umgeworfene Farbentöpfe, alles durcheinander; in der Mitte der Stube standen große Gerüste, wie man zum Birnenabnehmen braucht, ringsum an der Wand waren große Bilder angelehnt. Auf einem langen hölzernen Tische war eine Schüssel, worauf, neben einem Farbenkleckse, Brot und Butter lag. Eine Flasche Wein stand daneben.

»Nun esst und trinkt erst, Landsmann!« rief mir der Maler zu. – Ich wollte mir auch sogleich ein paar Butterschnitten schmieren, aber da war wieder kein Messer da. Wir mussten erst lange in den Papieren auf dem Tische herumrascheln, ehe wir es unter einem großen Pakete endlich fanden. Darauf riss der Maler das Fenster auf, dass die frische Morgenluft fröhlich das ganze Zimmer durchdrang. Das war eine herrliche Aussicht weit über die Stadt weg in die Berge hinein, wo die Morgensonne lustig die weißen Landhäuser und Weingärten beschien. – »Vivat unser kühlgrünes Deutschland da hinter den Bergen!« rief der Maler aus und trank dazu aus der Weinflasche, die er mir dann hinreichte. Ich tat ihm höflich Bescheid, und grüßte in meinem

tat ihm … Bescheid trank ihm zu, erwiderte … sein Zuprosten

Herzen die schöne Heimat in der Ferne noch vieltausendmal.

Der Maler aber hatte unterdes das hölzerne Gerüst, worauf ein sehr großes Papier aufgespannt war, näher an das Fenster herangerückt. Auf dem Papiere war bloß mit großen schwarzen Strichen eine alte Hütte gar künstlich abgezeichnet. Darin saß die heilige Jungfrau mit einem überaus schönen, freudigen und doch recht wehmütigen Gesichte. Zu ihren Füßen auf einem Nestlein von Stroh lag das Jesuskind, sehr freundlich, aber mit großen ernsthaften Augen. Draußen auf der Schwelle der offnen Hütte aber knieten zwei Hirtenknaben mit Stab und Tasche. – »Siehst du«, sagte der Maler, »dem einen Hirtenknaben da will ich deinen Kopf aufsetzen, so kommt dein Gesicht doch auch etwas unter die Leute, und will's Gott, sollen sie sich daran noch erfreuen, wenn wir beide schon lange begraben sind und selbst so still und fröhlich vor der heiligen Mutter und ihrem Sohne knien, wie die glücklichen Jungen hier.« – Darauf ergriff er einen alten Stuhl, von dem ihm aber, da er ihn aufheben wollte, die halbe Lehne in der Hand blieb. Er passte ihn geschwind wieder zusammen, schob ihn vor das Gerüst hin, und ich musste mich nun daraufsetzen und mein Gesicht etwas von der Seite, nach dem Maler zu, wenden. – So saß ich ein paar Minuten ganz still, ohne mich zu rühren. Aber ich weiß nicht, zuletzt konnt' ich's gar nicht recht aushalten, bald juckte mich's da, bald juckte mich's dort. Auch hing mir grade gegenüber ein zerbrochner halber Spiegel, da musst' ich immerfort hineinsehn, und machte, wenn er eben malte, aus Langeweile allerlei Gesichter und Grimassen. Der Maler, der es bemerkte, lachte endlich laut auf und winkte mir mit der Hand, dass ich wieder aufstehen sollte. Mein Gesicht auf dem Hirten war auch schon fertig, und sah so klar aus, dass ich mir ordentlich selber gefiel.

künstlich künstlerisch, kunstvoll

passte fügte

von der Seite … wenden zur Seite, dem Maler zu, wenden

Butterstolle Butterstulle, Butterbrot

»Warum nicht gar!« Ausdruck der Verwunderung, hier über die Ahnungslosigkeit des Gesprächspartners

Leonardo da Vinci → Seite 120

Guido Reni → Seite 120

Bombenwagen gemeint ist: der schnell wie eine abgefeuerte Bombe fahrende Wagen

Er zeichnete nun in der frischen Morgenkühle immer fleißig fort, während er ein Liedchen dazu sang und zuweilen durch das offne Fenster in die prächtige Gegend hinausblickte. Ich aber schnitt mir unterdes noch eine Butterstolle und ging damit vergnügt im Zimmer auf und ab und besah mir die Bilder, die an der Wand aufgestellt waren. Zwei darunter gefielen mir ganz besonders gut. »Habt Ihr die auch gemalt?« frug ich den Maler. »Warum nicht gar!« erwiderte er, »die sind von den berühmten Meistern Leonardo da Vinci und Guido Reni – aber da weißt du ja doch nichts davon!« – Mich ärgerte der Schluss der Rede. »O«, versetzte ich ganz gelassen, »die beiden Meister kenne ich wie meine eigne Tasche.« – Da machte er große Augen. »Wieso?« frug er geschwind. »Nun«, sagte ich, »bin ich nicht mit ihnen Tag und Nacht fortgereist, zu Pferde und zu Fuß und zu Wagen, dass mir der Wind am Hute pfiff, und hab sie alle beide in der Schenke verloren, und bin dann allein in ihrem Wagen mit Extrapost immer weitergefahren, dass der Bombenwagen immerfort auf zwei Rädern über die entsetzlichen Steine flog, und« – »Oho! Oho!« unterbrach mich der Maler, und sah mich starr an, als wenn er mich für verrückt hielte. Dann aber brach er plötzlich in ein lautes Gelächter aus. »Ach«, rief er, »nun versteh ich erst, du bist mit zwei Malern gereist, die Guido und Leonhard hießen?« – Da ich das bejahte, sprang er rasch auf und sah mich nochmals von oben bis unten ganz genau an. »Ich glaube gar«, sagte er, »am Ende – spielst du die Violine?« – Ich schlug auf meine Rocktasche, dass die Geige darin einen Klang gab. – »Nun wahrhaftig«, versetzte der Maler, »da war eine Gräfin aus Deutschland hier, die hat sich in allen Winkeln von Rom nach den beiden Malern und nach einem jungen Musikanten mit der Geige erkundigen lassen.« – »Eine junge Gräfin aus Deutschland?« rief ich voller Entzücken aus, »ist der Portier mit?« – »Ja das weiß ich alles nicht«, erwiderte der Maler, »ich sah sie nur einige Mal bei einer Freundin von ihr, die aber auch nicht in der Stadt wohnt. – Kennst du die?« fuhr er fort, indem er in einem Winkel plötzlich eine Leinwanddecke von einem großen Bilde in die Höhe hob. Da war mir's doch nicht anders, als wenn man in einer finstern Stube die Lade aufmacht und einem die Morgensonne auf einmal über die Augen blitzt, es war – die schöne gnädige Frau! – sie stand in einem schwarzen Samtkleide im Garten, und hob mit der einen Hand den Schleier vom Gesicht und sah still und freundlich in eine weite prächtige Gegend hinaus. Je länger ich hinsah, je mehr kam es mir vor, als wäre es der Garten am Schlosse, und die Blumen und Zweige wiegten sich leise im Winde, und unten in der Tiefe sähe ich mein Zollhäuschen und die Landstraße weit durchs Grüne, und die Donau und die fernen blauen Berge.

die Lade den Fensterladen

»Sie ist's, sie ist's!« rief ich endlich, erwischte meinen Hut, und rannte rasch zur Tür hinaus, die vielen Treppen hinunter, und hörte nur noch, dass mir der verwunderte Maler nachschrie, ich sollte gegen Abend wiederkommen, da könnten wir vielleicht mehr erfahren!

Achtes Kapitel

Ich lief mit großer Eilfertigkeit durch die Stadt, um mich sogleich wieder in dem Gartenhause zu melden, wo die schöne Frau gestern Abend gesungen hatte. Auf den Straßen war unterdes alles lebendig geworden, Herren und Damen zogen im Sonnenschein und neigten sich und grüßten bunt durcheinander, prächtige Karossen rasselten dazwischen, und von allen Türmen läutete es zur Messe, dass die Klänge über dem

Eilfertigkeit Eifer

Karossen Kutschen, Wagen

zur Messe zum katholischen Gottesdienst

Gewühle wunderbar in der klaren Luft durcheinanderhallten. Ich war wie betrunken von Freude und von dem Rumor, und rannte in meiner Fröhlichkeit immer grade fort, bis ich zuletzt gar nicht mehr wusste, wo ich stand. Es war wie verzaubert, als wäre der stille Platz mit dem Brunnen, und der Garten, und das Haus bloß ein Traum gewesen, und beim hellen Tageslicht alles wieder von der Erde verschwunden.

Rumor (lat.) Lärm

Fragen konnte ich nicht, denn ich wusste den Namen des Platzes nicht. Endlich fing es auch an sehr schwül zu werden, die Sonnenstrahlen schossen recht wie sengende Pfeile auf das Pflaster, die Leute verkrochen sich in die Häuser, die Jalousien wurden überall wieder zugemacht, und es war auf einmal wie ausgestorben auf den Straßen. Ich warf mich zuletzt ganz verzweifelt vor einem großen schönen Hause hin, vor dem ein Balkon mit Säulen breiten Schatten warf, und betrachtete bald die stille Stadt, die in der plötzlichen Einsamkeit bei heller Mittagstunde ordentlich schauerlich aussah, bald wieder den tiefblauen, ganz wolkenlosen Himmel, bis ich endlich vor großer Ermüdung gar einschlummerte. Da träumte mir, ich läge bei meinem Dorfe auf einer einsamen grünen Wiese, ein warmer Sommerregen sprühte und glänzte in der Sonne, die soeben hinter den Bergen unterging, und wie die Regentropfen auf den Rasen fielen, waren es lauter schöne bunte Blumen, so dass ich davon ganz überschüttet war.

sengende brennende

Aber wie erstaunte ich, als ich erwachte, und wirklich eine Menge schöner frischer Blumen auf und neben mir liegen sah! Ich sprang auf, konnte aber nichts Besonderes bemerken, als bloß in dem Hause über mir ein Fenster ganz oben voll von duftenden Sträuchern und Blumen, hinter denen ein Papagei unablässig plauderte und kreischte. Ich las nun die zerstreuten Blumen auf, band sie zusammen und steckte mir den Strauß vorn ins Knopfloch. Dann aber fing ich an, mit dem Papagei ein wenig zu diskurrieren, denn es freute mich, wie er in seinem vergoldeten Gebauer mit allerlei Grimassen herauf und herunter stieg und sich dabei immer ungeschickt über die große Zehe trat. Doch ehe ich mich's versah, schimpfte er mich *»furfante!«* Wenn es gleich eine unvernünftige Bestie war, so ärgerte es mich doch. Ich schimpfte ihn wieder, wir gerieten endlich beide in Hitze, je mehr ich auf Deutsch schimpfte, je mehr gurgelte er auf Italienisch wieder auf mich los.

Auf einmal hörte ich jemanden hinter mir lachen. Ich drehte mich rasch um. Es war der Maler von heute früh. »Was stellst du wieder für tolles Zeug an!« sagte er, »ich warte schon eine halbe Stunde auf dich. Die Luft ist wieder kühler, wir wollen in einen Garten vor der Stadt gehen, da wirst du mehrere Landsleute finden und vielleicht etwas Näheres von der deutschen Gräfin erfahren.«

Darüber war ich außerordentlich erfreut, und wir traten unsern Spaziergang sogleich an, während ich den Papagei noch lange hinter mir drein schimpfen hörte.

Nachdem wir draußen vor der Stadt auf schmalen steinigten Fußsteigen lange zwischen Landhäusern und Weingärten hinaufgestiegen waren, kamen wir an einen kleinen hochgelegenen Garten, wo mehrere junge Männer und Mädchen im Grünen um einen runden Tisch saßen. Sobald wir hineintraten, winkten uns alle zu, uns still zu verhalten, und zeigten auf die andere Seite des Gartens hin. Dort saßen in einer großen, grünverwachsenen Laube zwei schöne Frauen an einem Tisch einander gegenüber. Die eine sang, die andere spielte Gitarre dazu. Zwischen beiden hinter dem Tische stand ein freundlicher Mann, der mit einem kleinen Stäbchen zuweilen den Takt schlug. Dabei funkelte die Abendsonne durch das Weinlaub, bald über die Weinflaschen und Früchte, womit der Tisch in der Laube besetzt

Gebauer Käfig

»furfante!« (ital.) »Schurke!«, »Spitzbube!«

Wenn es gleich Obwohl es

schimpfte ihn wieder schimpfte zurück

war, bald über die vollen, runden, blendendweißen Achseln der Frau mit der Gitarre. Die andere war wie verzückt und sang auf Italienisch ganz außerordentlich künstlich, dass ihr die Flechsen am Halse aufschwollen.

Wie sie nun soeben, mit zum Himmel gerichteten Augen, eine lange Kadenz anhielt und der Mann neben ihr mit aufgehobenem Stäbchen auf den Augenblick passte, wo sie wieder in den Takt einfallen würde, und keiner im ganzen Garten zu atmen sich unterstand, da flog plötzlich die Gartentüre weit auf, und ein ganz erhitztes Mädchen und hinter ihr ein junger Mensch mit einem feinen, bleichen Gesicht stürzten in großem Gezänke herein. Der erschrockene Musikdirektor blieb mit seinem aufgehobenen Stabe wie ein versteinerter Zauberer stehen, obgleich die Sängerin schon längst den langen Triller plötzlich abgeschnappt hatte, und zornig aufgestanden war. Alle Übrigen zischten den Neuangekommenen wütend an. »Barbar!« rief ihm einer von dem runden Tische zu, »du rennst da mitten in das sinnreiche Tableau von der schönen Beschreibung hinein, welche der selige Hoffmann, Seite 347 des ›Frauentaschenbuchs für 1816‹, von dem schönsten Hummel'schen Bilde gibt, das im Herbst 1814 auf der Berliner Kunstausstellung zu sehen war!« – Aber das half alles nichts. »Ach was!« entgegnete der junge Mann, »mit euren Tableaus von Tableaus! Mein selbst erfundenes Bild für die andern, und mein Mädchen für mich allein! So will ich es halten! O du Ungetreue, du Falsche!« fuhr er dann von Neuem gegen das arme Mädchen fort, »du kritische Seele, die in der Malerkunst nur den Silberblick, und in der Dichtkunst nur den goldenen Faden sucht, und keinen Liebsten, sondern nur lauter Schätze hat! Ich wünsche dir hinfüro, anstatt eines ehrlichen malerischen Pinsels, einen alten Duca mit einer ganzen Münzgrube von Diamanten auf der Nase, und mit hellen Silberblick auf der kahlen Platte,

auf den Augenblick passte den Moment abpasste

Triller in der Musik der schnelle mehrfache Wechsel zwischen zwei benachbarten Tönen

abgeschnappt abgebrochen, (abrupt) beendet

»du rennst da … zu sehen war!« → Seite 120

sinnreiche bedeutungsvolle, künstlerisch wohlkomponierte

Silberblick → Seite 123

hinfüro fernerhin, künftig

malerischen Pinsels → Seite 123

Duca (ital.) Herzog

hellen Silberblick → Seite 124

kahlen Platte Glatze

und mit Goldschnitt auf den paar noch übrigen Haaren! Ja nur heraus mit dem verruchten Zettel, den du da vorhin vor mir versteckt hast! Was hast du wieder angezettelt? Von wem ist der Wisch, und an wen ist er?«

Goldschnitt
→ Seite 124

Aber das Mädchen sträubte sich standhaft, und je eifriger die anderen den erbosten jungen Menschen umgaben und ihn mit großem Lärm zu trösten und zu beruhigen suchten, desto erhitzter und toller wurde er von dem Rumor, zumal da das Mädchen auch ihr Mäulchen nicht halten konnte, bis sie endlich weinend aus dem verworrenen Knäuel hervorflog, und sich auf einmal ganz unverhofft an meine Brust stürzte, um bei mir Schutz zu suchen. Ich stellte mich auch sogleich in die gehörige Positur, aber da die andern in dem Getümmel soeben nicht auf uns acht gaben, kehrte sie plötzlich das Köpfchen nach mir herauf und flüsterte mir mit ganz ruhigem Gesicht sehr leise und schnell ins Ohr: »Du abscheulicher Einnehmer! um dich muss ich das alles leiden. Da steck den fatalen Zettel geschwind zu dir, du findest darauf bemerkt, wo wir wohnen. Also zur bestimmten Stunde, wenn du ins Tor kommst, immer die einsame Straße rechts fort! –«

Positur (lat.) Stellung, Kampfhaltung

bestimmten verabredeten

Ich konnte vor Verwunderung kein Wort hervorbringen, denn wie ich sie nun erst recht ansah, erkannte ich sie auf einmal: es war wahrhaftig die schnippische Kammerjungfer vom Schloss, die mir damals an dem schönen Samstagsabende die Flasche mit Wein brachte. Sie war mir sonst niemals so schön vorgekommen, als da sie sich jetzt so erhitzt an mich lehnte, dass die schwarzen Locken über meinen Arm herabhingen. – »Aber, verehrteste Mamsell«, sagte ich voller Erstaunen, »wie kommen Sie« – »Um Gottes willen, still nur, jetzt still!« erwiderte sie, und sprang geschwind von mir fort auf die andere Seite des Gartens, eh ich mich noch auf alles recht besinnen konnte.

Mamsell (siehe Seite 36)

Unterdes hatten die andern ihr erstes Thema fast ganz vergessen, zankten aber untereinander recht vergnüglich weiter, indem sie dem jungen Menschen beweisen wollten, dass er eigentlich betrunken sei, was sich für einen ehrliebenden Maler gar nicht schicke. Der runde fixe Mann aus der Laube, der – wie ich nachher erfuhr – ein großer Kenner und Freund von Künsten war, und aus Liebe zu den Wissenschaften gern alles mitmachte, hatte auch sein Stäbchen weggeworfen, und flankierte mit seinem fetten Gesicht das vor Freundlichkeit ordentlich glänzte, eifrig mitten in dem dicksten Getümmel herum, um alles zu vermitteln und zu beschwichtigen, während er dazwischen immer wieder die lange Kadenz und das schöne Tableau bedauerte, das er mit vieler Mühe zusammengebracht hatte.

flankierte wahrscheinlich ein Fehler des Setzers; gemeint ist wohl ›flanierte‹: ›spazierte müßig umher‹

Mir aber war es so sternklar im Herzen, wie damals an dem glückseligen Sonnabend, als ich am offnen Fenster vor der Weinflasche bis tief in die Nacht hinein auf der Geige spielte. Ich holte, da der Rumor gar kein Ende nehmen wollte, frisch meine Violine wieder hervor und spielte, ohne mich lange zu besinnen, einen welschen Tanz auf, den sie dort im Gebirge tanzen, und den ich auf dem alten, einsamen Waldschlosse gelernt hatte.

Da reckten sie alle die Köpfe in die Höh'. »Bravo, bravissimo! ein deliziöser Einfall!« rief der lustige Kenner von den Künsten, und lief sogleich von einem zum andern, um ein ländliches Divertissement, wie er's nannte, einzurichten. Er selbst machte den Anfang, indem er der Dame die Hand reichte, die vorhin in der Laube Gitarre gespielt hatte. Er begann darauf außerordentlich künstlich zu tanzen, schrieb mit den Fußspitzen allerlei Buchstaben auf den Rasen, schlug ordentliche Triller mit den Füßen, und machte von Zeit zu Zeit ganz passable Luftsprünge. Aber er bekam es bald satt, denn er war etwas korpulent. Er machte immer kürzere und un-

deliziöser köstlicher (von frz. ›délicieux‹)

Divertissement → Seite 124

künstlich (siehe Seite 16)

korpulent beleibt, dickleibig

geschicktere Sprünge, bis er endlich ganz aus dem Kreise heraustrat und heftig pustete und sich mit seinem schneeweißen Schnupftuch unaufhörlich den Schweiß abwischte. Unterdes hatte auch der junge Mensch, der nun wieder ganz gescheut geworden war, aus dem Wirtshause Kastagnetten herbeigeholt, und ehe ich mich's versah, tanzten alle unter den Bäumen bunt durcheinander. Die untergegangene Sonne warf noch einige rote Widerscheine zwischen die dunklen Schatten und über das alte Gemäuer und die von Efeu wild überwachsenen halb versunkenen Säulen hinten im Garten, während man von der andern Seite tief unter den Weinbergen die Stadt Rom in den Abendgluten liegen sah. Da tanzten sie alle lieblich im Grünen in der klaren stillen Luft, und mir lachte das Herz recht im Leibe, wie die schlanken Mädchen, und die Kammerjungfer mitten unter ihnen, sich so mit aufgehobenen Armen wie heidnische Waldnymphen zwischen dem Laubwerk schwangen, und dabei jedesmal in der Luft mit den Kastagnetten lustig dazu schnalzten. Ich konnte mich nicht länger halten, ich sprang mitten unter sie hinein und machte, während ich dabei immerfort geigte, recht artige Figuren.

Ich mochte eine ziemliche Weile so im Kreise herumgesprungen sein, und merkte gar nicht, dass die andern unterdes anfingen müde zu werden und sich nach und nach von dem Rasenplatze verloren. Da zupfte mich jemand von hinten tüchtig an den Rockschößen. Es war die Kammerjungfer. »Sei kein Narr«, sagte sie leise, »du springst ja wie ein Ziegenbock! Studiere deinen Zettel ordentlich, und komm bald nach, die schöne junge Gräfin wartet.« – Und damit schlüpfte sie in der Dämmerung zur Gartenpforte hinaus, und war bald zwischen den Weingärten verschwunden.

Mir klopfte das Herz, ich wäre am liebsten gleich nachgesprungen. Zum Glück zündete der Kellner, da es schon dun-

gescheut gescheit, vernünftig

Kastagnetten → Seite 124

in den Abendgluten im Abendrot

Waldnymphen → Seite 124

artige Figuren ansprechende Tanzschritte

sich nach und nach von dem Rasenplatze verloren nach und nach den Rasenplatz verließen

kel geworden war, in einer großen Laterne an der Gartentür Licht an. Ich trat heran und zog geschwind den Zettel heraus. Da war ziemlich kritzlich mit Bleifeder das Tor und die Straße beschrieben, wie mir die Kammerjungfer vorhin gesagt hatte. Dann stand: »Elf Uhr an der kleinen Türe.« –

Bleifeder Bleistift

Da waren noch ein paar lange Stunden hin! – Ich wollte mich demungeachtet sogleich auf den Weg machen, denn ich hatte keine Rast und Ruhe mehr; aber da kam der Maler, der mich hierher gebracht hatte, auf mich los. »Hast du das Mädchen gesprochen?« frug er, »ich seh sie nun nirgends mehr; das war das Kammermädchen von der deutschen Gräfin.« »Still, still!« erwiderte ich, »die Gräfin ist noch in Rom.« »Nun, desto besser«, sagte der Maler, »so komm und trink mit uns auf ihre Gesundheit!« und damit zog er mich, wie sehr ich mich auch sträubte, in den Garten zurück.

kam … auf mich los rückte … mir auf den Leib, drang … auf mich ein

Da war es unterdes ganz öde und leer geworden. Die lustigen Gäste wanderten, jeder sein Liebchen am Arm, nach der Stadt zu, und man hörte sie noch durch den stillen Abend zwischen den Weingärten plaudern und lachen, immer ferner und ferner, bis sich endlich die Stimmen tief in dem Tale im Rauschen der Bäume und des Stromes verloren. Ich war nur noch mit meinem Maler, und dem Herrn Eckbrecht – so hieß der andre junge Maler, der sich vorhin so herumgezankt hatte – allein oben zurückgeblieben. Der Mond schien prächtig im Garten zwischen die hohen dunklen Bäume herein, ein Licht flackerte im Winde auf dem Tische vor uns und schimmerte über den vielen vergossnen Wein auf der Tafel. Ich musste mich mit hinsetzen und mein Maler plauderte mit mir über meine Herkunft, meine Reise, und meinen Lebensplan. Herr Eckbrecht aber hatte das junge hübsche Mädchen aus dem Wirtshause, nachdem sie uns Flaschen auf den Tisch gestellt, vor sich auf den Schoß genommen, legte ihr die Gitarre in den Arm, und lehrte sie ein Liedchen darauf klimpern. Sie fand sich auch bald mit den kleinen Händchen zurecht, und sie sangen dann zusammen ein italienisches Lied, einmal er, dann wieder das Mädchen eine Strophe, was sich in dem schönen stillen Abend prächtig ausnahm. – Als das Mädchen dann weggerufen wurde, lehnte sich Herr Eckbrecht mit der Gitarre auf der Bank zurück, legte seine Füße auf einen Stuhl, der vor ihm stand, und sang nun für sich allein viele herrliche deutsche und italienische Lieder, ohne sich weiter um uns zu bekümmern. Dabei schienen die Sterne prächtig am klaren Firmament, die ganze Gegend war wie versilbert vom Mondschein, ich dachte an die schöne Fraue, an die ferne Heimat, und vergaß darüber ganz meinen Maler neben mir. Zuweilen musste Herr Eckbrecht stimmen, darüber wurde er immer ganz zornig. Er drehte und riss zuletzt an dem Instrument, dass plötzlich eine Saite sprang. Da warf er die Gitarre hin und sprang auf. Nun wurde er erst gewahr, dass mein Maler sich unterdes über seinen Arm auf den Tisch gelegt hatte und fest eingeschlafen war. Er warf schnell einen weißen Mantel um, der auf einem Aste neben dem Tische hing, besann sich aber plötzlich, sah erst meinen Maler, dann mich ein paarmal scharf an, setzte sich darauf, ohne sich lange zu bedenken, grade vor mich auf den Tisch hin, räusperte sich, rückte an seiner Halsbinde, und fing dann auf einmal an, eine Rede an mich zu halten. »Geliebter Zuhörer und Landsmann!« sagte er, »da die Flaschen beinah leer sind, und da die Moral unstreitig die erste Bürgerpflicht ist, wenn die Tugenden auf die Neige gehen, so fühle ich mich aus landsmännlicher Sympathie getrieben, dir einige Moralität zu Gemüte zu führen. – Man könnte zwar meinen«, fuhr er fort, »du seist ein bloßer Jüngling, während doch dein Frack über seine besten Jahre hinaus ist; man könnte vielleicht annehmen, du habest vorhin wunderliche Sprünge gemacht, wie

Halsbinde → Seite 124

und da die Moral unstreitig die erste Bürgerpflicht ist → Seite 124 ein Satyr; ja, einige möchten wohl behaupten, du seiest wohl gar ein Landstreicher, weil du hier auf dem Lande bist und die Geige streichst; aber ich kehre mich an solche oberflächliche Urteile nicht, ich halte mich an deine feingespitzte Nase, ich halte dich für ein vazierendes Genie.« – Mich ärgerten die verfänglichen Redensarten, ich wollte ihm soeben recht antworten. Aber er ließ mich nicht zu Worte kommen. »Siehst du«, sagte er, »wie du dich schon aufblähst von dem bisschen Lobe. Gehe in dich, und bedenke dieses gefährliche Metier! Wir Genies – denn ich bin auch eins – machen uns aus der Welt ebenso wenig, als sie aus uns, wir schreiten vielmehr ohne besondere Umstände in unsern Siebenmeilenstiefeln, die wir bald mit auf die Welt bringen, grade auf die Ewigkeit los. O höchst klägliche, unbequeme, breitgespreizte Position, mit dem einen Beine in der Zukunft, wo nichts als Morgenrot und zukünftige Kindergesichter dazwischen, mit dem andern Beine noch mitten in Rom auf der Piazza del Popolo, wo das ganze Säkulum bei der guten Gelegenheit mitwill und sich an den Stiefel hängt, dass sie einem das Bein ausreißen möchten! Und alle das Zucken, Weintrinken und Hungerleiden lediglich für die unsterbliche Ewigkeit! Und siehe meinen Herrn Kollegen dort auf der Bank, der gleichfalls ein Genie ist; ihm wird die *Zeit* schon zu lang, was wird er erst in der Ewigkeit anfangen?! Ja, hochgeschätzter Herr Kollege, du und ich und die Sonne, wir sind heute früh zusammen aufgegangen, und haben den ganzen Tag gebrütet und gemalt, und es war alles schön – und nun fährt die schläfrige Nacht mit ihrem Pelzärmel über die Welt und hat alle Farben verwischt.« Er sprach noch immerfort und war dabei mit seinen verwirrten Haaren von dem Tanzen und Trinken im Mondschein ganz leichenblass anzusehen.

Mir aber graute schon lange vor ihm und seinem wilden Gerede, und als er sich nun förmlich zu dem schlafenden

Satyr → Seite 125

vazierendes ungebundenes (siehe Seite 41)

verfänglichen ironischen, kränkenden

ihm … recht antworten ihn … in seine Schranken weisen, ihn … zurechtweisen

Metier Tätigkeitsfeld (siehe auch Seite 18)

Piazza del Popolo (ital.) Platz des Volkes; ein berühmter und zentraler Platz in Rom

Säkulum (lat.) Jahrhundert

Maler herumwandte, benutzte ich die Gelegenheit, schlich, ohne dass er es bemerkte, um den Tisch, aus dem Garten heraus, und stieg, allein und fröhlich im Herzen, an dem Rebengeländer in das weite, vom Mondschein beglänzte Tal hinunter.

Von der Stadt her schlugen die Uhren zehn. Hinter mir hörte ich durch die stille Nacht noch einzelne Gitarrenklänge und manchmal die Stimmen der beiden Maler, die nun auch nach Hause gingen, von ferne herüberschallen. Ich lief daher so schnell, als ich nur konnte, damit sie mich nicht weiter ausfragen sollten.

Am Tore bog ich sogleich rechts in die Straße ein, und ging mit klopfendem Herzen eilig zwischen den stillen Häusern und Gärten fort. Aber wie erstaunte ich, als ich da auf einmal auf dem Platze mit dem Springbrunnen herauskam, den ich heute am Tage gar nicht hatte finden können. Da stand das einsame Gartenhaus wieder, im prächtigsten Mondschein, und auch die schöne Fraue sang im Garten wieder dasselbe italienische Lied, wie gestern Abend. – Ich rannte voller Entzücken erst an die kleine Tür, dann an die Haustür, und endlich mit aller Gewalt an das große Gartentor, aber es war alles verschlossen. Nun fiel mir erst ein, dass es noch nicht elf geschlagen hatte. Ich ärgerte mich über die langsame Zeit, aber über das Gartentor klettern, wie gestern, mochte ich wegen der guten Lebensart nicht. Ich ging daher ein Weilchen auf dem einsamen Platze auf und ab, und setzte mich endlich wieder auf den steinernen Brunnen voll Gedanken und stiller Erwartung hin.

wegen der guten Lebensart weil sich das nicht schickte (siehe auch Seite 36)

Die Sterne funkelten am Himmel, auf dem Platze war alles leer und still, ich hörte voll Vergnügen dem Gesange der schönen Frau zu, der zwischen dem Rauschen des Brunnens aus dem Garten herüberklang. Da erblickt' ich auf einmal eine weiße Gestalt, die von der andern Seite des Platzes herkam, und grade auf die kleine Gartentür zuging. Ich blickte durch den Mondflimmer recht scharf hin – es war der wilde Maler in seinem weißen Mantel. Er zog schnell einen Schlüssel hervor, schloss auf, und ehe ich mich's versah, war er im Garten drin.

eine absonderliche Pike einen besonderen (oder auch: einen seltsamen, sonderbaren) Groll

Nun hatte ich gegen den Maler schon von Anfang eine absonderliche Pike wegen seiner unvernünftigen Reden. Jetzt aber geriet ich ganz außer mir vor Zorn. Das liederliche Genie ist gewiss wieder betrunken, dachte ich, den Schlüssel hat er von der Kammerjungfer, und will nun die gnädige Frau beschleichen, verraten, überfallen. – Und so stürzte ich durch das kleine, offen gebliebene Pförtchen in den Garten hinein.

Faulbettchen Sofa

Als ich eintrat, war es ganz still und einsam darin. Die Flügeltür vom Gartenhause stand offen, ein milchweißer Lichtschein drang daraus hervor, und spielte auf dem Grase und den Blumen vor der Tür. Ich blickte von Weitem herein. Da lag in einem prächtigen grünen Gemach, das von einer weißen Lampe nur wenig erhellt war, die schöne gnädige Frau, mit der Gitarre im Arm, auf einem seidenen Faulbettchen, ohne in ihrer Unschuld an die Gefahren draußen zu denken.

kläglich klagend, schmerzlich

»Mordjo!« »Zu Hilfe!«

Ich hatte aber nicht lange Zeit, hinzusehen, denn ich bemerkte soeben, dass die weiße Gestalt von der andern Seite ganz behutsam hinter den Sträuchern nach dem Gartenhause zuschlich. Dabei sang die gnädige Frau so kläglich aus dem Hause, dass es mir recht durch Mark und Bein ging. Ich besann mich daher nicht lange, brach einen tüchtigen Ast ab, rannte damit gerade auf den Weißmantel los, und schrie aus vollem Halse »Mordjo!« dass der ganze Garten erzitterte.

besser mehr, lauter

Der Maler, wie er mich so unverhofft daherkommen sah, nahm schnell Reißaus, und schrie entsetzlich. Ich schrie noch besser, er lief nach dem Hause zu, ich ihm nach – und ich hätt' ihn beinah schon erwischt, da verwickelte ich mich mit den Füßen in den fatalen Blumenstücken, und stürzte auf einmal der Länge nach vor der Haustür hin.

Blumenstücken Blumenbeeten

»Also du bist es, Narr!« hört' ich da über mir ausrufen, »hast du mich doch fast zum Tode erschreckt!« – Ich raffte mich geschwind wieder auf, und wie ich mir den Sand und die Erde aus den Augen wische, steht die Kammerjungfer vor mir, die soeben bei dem letzten Sprunge den weißen Mantel von der Schulter verloren hatte. »Aber«, sagte ich ganz verblüfft, »war denn der Maler nicht hier?« – »Ja freilich«, entgegnete sie schnippisch, »sein Mantel wenigstens, den er mir, als ich ihm vorhin im Tor begegnete, umgehangen hat, weil mich fror.« – Über dem Geplauder war nun auch die gnädige Frau von ihrem Sofa aufgesprungen, und kam zu uns an die Tür. Mir klopfte das Herz zum Zerspringen. Aber wie erschrak ich, als ich recht hinsah und, anstatt der schönen gnädigen Frau, auf einmal eine ganz fremde Person erblickte!

ihm korrigiert aus: ihn

Es war eine etwas große korpulente, mächtige Dame mit einer stolzen Adlernase und hochgewölbten schwarzen Augenbraunen, so recht zum Erschrecken schön. Sie sah mich mit ihren großen funkelnden Augen so majestätisch an, dass ich mich vor Ehrfurcht gar nicht zu lassen wusste. Ich war ganz verwirrt, ich machte in einem fort Komplimente, und wollte ihr zuletzt gar die Hand küssen. Aber sie riss ihre Hand schnell weg, und sprach dann auf Italienisch zu der Kammerjungfer, wovon ich nichts verstand.

machte … Komplimente verbeugte mich …

Unterdes aber war von dem vorigen Geschrei die ganze Nachbarschaft lebendig geworden. Hunde bellten, Kinder schrien, zwischendurch hörte man einige Männerstimmen, die immer näher und näher auf den Garten zukamen. Da blickte mich die Dame noch einmal an, als wenn sie mich mit feurigen Kugeln durchbohren wollte, wandte sich dann rasch nach dem Zimmer zurück, während sie dabei stolz und gezwungen auflachte, und schmiss mir die Türe vor der Nase zu. Die Kammerjungfer aber erwischte mich ohne Weiteres beim Flügel, und zerrte mich nach der Gartenpforte.

»Da hast du wieder einmal recht dummes Zeug gemacht«, sagte sie unterweges voller Bosheit zu mir. Ich wurde auch schon giftig. »Nun zum Teufel!« sagte ich, »habt Ihr mich denn nicht selbst hierher bestellt?« – »Das ist's ja eben«, rief die Kammerjungfer, »meine Gräfin meinte es so gut mit dir, wirft dir erst Blumen aus dem Fenster zu, singt Arien – und *das* ist nun ihr Lohn! Aber mit dir ist nun einmal nichts anzufangen, du trittst dein Glück ordentlich mit Füßen.« – »Aber«, erwiderte ich, »ich meinte die Gräfin aus Deutschland, die schöne gnädige Frau« – »Ach«, unterbrach sie mich, »die ist ja lange schon wieder in Deutschland, mitsamt deiner tollen Amour. Und da lauf du nur auch wieder hin! Sie schmachtet ohnedies nach dir, da könnt ihr zusammen die Geige spielen und in den Mond gucken, aber dass du mir nicht wieder unter die Augen kommst!«

Arien solistische Gesangsstücke (etwa aus Opern oder Messen, siehe auch Seite 94)

tollen Amour verrückten Liebe oder Geliebten

Nun aber entstand ein entsetzlicher Rumor und Spektakel hinter uns. Aus dem anderen Garten kletterten Leute mit Knüppeln hastig über den Zaun, andere fluchten und durchsuchten schon die Gänge, desperate Gesichter mit Schlafmützen guckten im Mondschein bald da bald dort über die Hecken, es war, als wenn der Teufel auf einmal aus allen Hecken und Sträuchern Gesindel heckte. – Die Kammerjungfer fackelte nicht lange. »Dort, dort läuft der Dieb!« schrie sie den Leuten zu, indem sie dabei auf die andere Seite des Gartens zeigte. Dann schob sie mich schnell aus dem Garten, und klappte das Pförtchen hinter mir zu.

desperate (lat.) grimmige

Da stand ich nun unter Gottes freiem Himmel wieder auf dem stillen Platze mutterseelenallein, wie ich gestern angekommen war. Die Wasserkunst, die mir vorhin im Mondschein so lustig flimmerte, als wenn Englein darin auf und nieder stiegen, rauschte noch fort wie damals, mir aber war unterdes alle Lust und Freude in den Brunn' gefallen. – Ich nahm mir nun fest vor, dem falschen Italien mit seinen verrückten Malern, Pomeranzen und Kammerjungfern auf ewig den Rücken zu kehren, und wanderte noch zur selbigen Stunde zum Tore hinaus.

Neuntes Kapitel

Die treuen Berg' stehn auf der Wacht:
»Wer streicht bei stiller Morgenzeit
Da aus der Fremde durch die Heid'?« –
Ich aber mir die Berg' betracht'
Und lach' in mich vor großer Lust,
Und rufe recht aus frischer Brust
Parol' und Feldgeschrei sogleich:
Vivat Östreich!

Da kennt mich erst die ganze Rund,
Nun grüßen Bach und Vöglein zart
Und Wälder rings nach Landesart,
Die Donau blitzt aus tiefem Grund,
Der Stephansturm auch ganz von fern
Guckt übern Berg und säh mich gern,
Und ist er's nicht, so kommt er doch gleich,
Vivat Östreich!

Stephansturm Turm des Stephansdoms, der Hauptkirche Wiens

Ich stand auf einem hohen Berge, wo man zum ersten Mal nach Östreich hineinsehen kann, und schwenkte voller Freude noch mit dem Hute und sang die letzte Strophe, da fiel auf einmal hinter mir im Walde eine prächtige Musik von

Blasinstrumenten mit ein. Ich dreh mich schnell um und erblicke drei junge Gesellen in langen blauen Mänteln, davon bläst der eine Oboe, der andere die Klarinett, und der dritte, der einen alten Dreistutzer auf dem Kopfe hatte, das Waldhorn – die akkompagnierten mich plötzlich, dass der ganze Wald erschallte. Ich, nicht zu faul, ziehe meine Geige hervor, und spiele und singe sogleich frisch mit. Da sah einer den andern bedenklich an, der Waldhornist ließ dann zuerst seine Pausbacken wieder einfallen und setzte sein Waldhorn ab, bis am Ende alle stille wurden, und mich anschauten. Ich hielt verwundert ein, und sah sie auch an. – »Wir meinten«, sagte endlich der Waldhornist, »weil der Herr so einen langen Frack hat, der Herr wäre ein reisender Engländer, der hier zu Fuß die schöne Natur bewundert; da wollten wir uns ein Viatikum verdienen. Aber, mir scheint, der Herr ist selber ein Musikant.« – »Eigentlich ein Einnehmer«, versetzte ich, »und komme direkt von Rom her, da ich aber seit geraumer Zeit nichts mehr eingenommen, so habe ich mich unterweges mit der Violine durchgeschlagen.« – »Bringt nicht viel heutzutage!« sagte der Waldhornist, der unterdes wieder an den Wald zurückgetreten war, und mit seinem Dreistutzer ein kleines Feuer anfachte, das sie dort angezündet hatten. »Da gehn die blasenden Instrumente schon besser«, fuhr er fort; »wenn so eine Herrschaft ganz ruhig zu Mittag speist, und wir treten unverhofft in das gewölbte Vorhaus und fangen alle drei aus Leibeskräften zu blasen an – gleich kommt ein Bedienter herausgesprungen mit Geld oder Essen, damit sie nur den Lärm wieder loswerden. Aber will der Herr nicht eine Kollation mit uns einnehmen?«

Das Feuer loderte nun recht lustig im Walde, der Morgen war frisch, wir setzten uns alle ringsumher auf den Rasen, und zwei von den Musikanten nahmen ein Töpfchen, worin Kaffee und auch schon Milch war, vom Feuer, holten Brot

Dreistutzer Dreispitz, ein dreieckiger Filzhut mit aufgebogenen Hutkrempen

Waldhorn → Seite 125

akkompagnierten mich begleiteten mich auf ihren Instrumenten (von frz. ›accompagner‹)

ein reisender Engländer → Seite 125

Viatikum (lat.) Wegzehrung; hier: Reise- bzw. Trinkgeld

Kollation (lat.) kleine Mahlzeit, Imbiss

aus ihren Manteltaschen hervor, und tunkten und tranken abwechselnd aus dem Topfe, und es schmeckte ihnen so gut, dass es ordentlich eine Lust war anzusehen. – Der Waldhornist aber sagte: »Ich kann das schwarze Gesöff nicht vertragen«, und reichte mir dabei die eine Hälfte von einer großen übereinandergelegten Butterschnitte, dann brachte er eine Flasche Wein zum Vorschein. »Will der Herr nicht auch einen Schluck?« – Ich tat einen tüchtigen Zug, musste aber schnell wieder absetzen und das ganze Gesicht verziehn, denn es schmeckte wie Drei-Männer-Wein. »Hiesiges Gewächs«, sagte der Waldhornist, »aber der Herr hat sich in Italien den deutschen Geschmack verdorben.«

Darauf kramte er eifrig in seinem Schubsack und zog endlich unter allerlei Plunder eine alte zerfetzte Landkarte hervor, worauf noch der Kaiser in vollem Ornate zu sehen war, den Zepter in der rechten, den Reichsapfel in der linken Hand. Er breitete sie auf dem Boden behutsam auseinander, die andern rückten näher heran, und sie beratschlagten nun zusammen, was sie für eine Marschroute nehmen sollten.

»Die Vakanz geht bald zu Ende«, sagte der eine, »wir müssen uns gleich von Linz links abwenden, so kommen wir noch bei guter Zeit nach Prag.« – »Nun wahrhaftig!« rief der Waldhornist, »wem willst du da was vorpfeifen? nichts als Wälder und Kohlenbauern, kein geläuterter Kunstgeschmack, keine vernünftige freie Station!« – »O Narrenspossen!« erwiderte der andere, »die Bauern sind mir grade die Liebsten, die wissen am besten wo einen der Schuh drückt, und nehmen's nicht so genau, wenn man manchmal eine falsche Note bläst.« – »Das macht, du hast kein *point d'honneur*«, versetzte der Waldhornist, »*odi profanum vulgus et arceo*, sagt der Lateiner.« – »Nun, Kirchen aber muss es auf der Tour doch geben«, meinte der Dritte, »so kehren wir bei den Herren Pfarrern ein.« – »Gehorsamster Die-

Drei-Männer-Wein → Seite 125

Hiesiges Einheimisches

Schubsack große Tasche, in die allerhand hineingeschoben werden kann

der Kaiser in vollem Ornate → Seite 125

Reichsapfel → Seite 125

Kohlenbauern → Seite 125

geläuterter reiner, verfeinerter

Station Station im Netz des Postkutschenverkehrs

Narrenspossen Unsinn

point d'honneur (frz.) Ehrgefühl; hier im Sinne von Standesbewusstsein

odi profanum vulgus et arceo → Seite 126

Tour (frz.) (Rund-)Reise

ner!« sagte der Waldhornist, »die geben kleines Geld und große Sermone, dass wir nicht so unnütz in der Welt herumschweifen, sondern uns besser auf die Wissenschaften applizieren sollen, besonders wenn sie in mir den künftigen Herrn Konfrater wittern. Nein, nein, *Clericus clericum non decimat*. Aber was gibt es denn da überhaupt für große Not? die Herren Professoren sitzen auch noch im Karlsbade, und halten selbst den Tag nicht so genau ein.« – »Ja, *distinguendum est inter et inter*«, erwiderte der andere, »*quod licet Jovi, non licet bovi!*«

Ich aber merkte nun, dass es Prager Studenten waren, und bekam einen ordentlichen Respekt vor ihnen, besonders da ihnen das Latein nur so wie Wasser vom Munde floss. – »Ist der Herr auch ein Studierter?« fragte mich darauf der Waldhornist. Ich erwiderte bescheiden, dass ich immer besondere Lust zum Studieren, aber kein Geld gehabt hätte. – »Das tut gar nichts«, rief der Waldhornist, »wir haben auch weder Geld, noch reiche Freundschaft. Aber ein gescheuter Kopf muss sich zu helfen wissen. *Aurora musis amica*, das heißt zu Deutsch: mit vielem Frühstücken sollst du dir nicht die Zeit verderben. Aber wenn dann die Mittagsglocken von Turm zu Turm und von Berg zu Berg über die Stadt gehen, und nun die Schüler auf einmal mit großem Geschrei aus dem alten finstern Kollegium herausbrechen und im Sonnenscheine durch die Gassen schwärmen – da begeben wir uns bei den Kapuzinern zum Pater Küchenmeister und finden unsern gedeckten Tisch, und ist er auch nicht gedeckt, so steht doch für jeden ein voller Topf darauf, da fragen wir nicht viel darnach und essen, und perfektionieren uns dabei noch im Lateinischsprechen. Sieht der Herr, so studieren wir von einem Tage zum andern fort. Und wenn dann endlich die Vakanz kommt, und die andern fahren und reiten zu ihren Eltern fort, da wandern wir mit unsern Instrumenten

»Gehorsamster Diener!« Ausdruck der Ehrerbietung

Sermone (lat.) Predigten

uns … auf die Wissenschaften applizieren uns … den Wissenschaften widmen

Konfrater (lat.) Mitbruder (in einem klösterlichen Orden)

Clericus clericum non decimat → Seite 126

Karlsbade → Seite 126

distinguendum est inter et inter … quod licet Jovi, non licet bovi! → Seite 126

Aurora musis amica (lat.) Die Morgenröte ist die Freundin der Musen (vgl. das deutsche Sprichwort »Morgenstund' hat Gold im Mund«)

Kollegium kirchliche Lehranstalt für Theologiestudenten, Priesterseminar

Kapuzinern → Seite 126

unterm Mantel durch die Gassen zum Tore hinaus, und die ganze Welt steht uns offen.«

Ich weiß nicht – wie er so erzählte – ging es mir recht durchs Herz, dass so gelehrte Leute so ganz verlassen sein sollten auf der Welt. Ich dachte dabei an mich, wie es mir eigentlich selber nicht anders ginge, und die Tränen traten mir in die Augen. – Der Waldhornist sah mich groß an. »Das tut gar nichts«, fuhr er wieder weiter fort, »ich möchte gar nicht so reisen: Pferde und Kaffee und frischüberzogene Betten, und Nachtmützen und Stiefelknecht vorausbestellt. Das ist just das Schönste, wenn wir so frühmorgens heraustreten, und die Zugvögel hoch über uns fortziehn, dass wir gar nicht wissen, welcher Schornstein heut für uns raucht, und gar nicht voraussehen, was uns bis zum Abend noch für ein besonderes Glück begegnen kann.« – »Ja«, sagte der andere, »und wo wir hinkommen und unsere Instrumente herausziehen, wird alles fröhlich, und wenn wir dann zur Mittagsstunde auf dem Lande in ein Herrschaftshaus treten, und im Hausflur blasen, da tanzen die Mägde miteinander vor der Haustür, und die Herrschaft lässt die Saaltür etwas aufmachen, damit sie die Musik drin besser hören, und durch die Lücke kommt das Tellergeklapper und der Bratenduft in den freudenreichen Schall herausgezogen, und die Fräuleins an der Tafel verdrehen sich fast die Hälse, um die Musikanten draußen zu sehn.« – »Wahrhaftig«, rief der Waldhornist mit leuchtenden Augen aus, »lasst die andern nur ihre Kompendien repetieren, wir studieren unterdes in dem großen Bilderbuche, das der liebe Gott uns draußen aufgeschlagen hat! Ja glaub nur der Herr, aus uns werden grade die rechten Kerls, die den Bauern dann was zu erzählen wissen und mit der Faust auf die Kanzel schlagen, dass den Knollfinken unten vor Erbauung und Zerknirschung das Herz im Leibe bersten möchte.«

Kompendien (lat.) Lehrbücher, Leitfäden

repetieren wiederholen

Knollfinken (siehe Seite 32)

Wie sie so sprachen, wurde mir so lustig in meinem Sinn, dass ich gleich auch hätte mitstudieren mögen. Ich konnte mich gar nicht satthören, denn ich unterhalte mich gern mit studierten Leuten, wo man etwas profitieren kann. Aber es konnte gar nicht zu einem recht vernünftigen Diskurse kommen. Denn dem einen Studenten war vorhin angst geworden, weil die Vakanz so bald zu Ende gehen sollte. Er hatte daher hurtig sein Klarinett zusammengesetzt, ein Notenblatt vor sich auf das aufgestemmte Knie hingelegt, und exerzierte sich eine schwierige Passage aus einer Messe ein, die er mitblasen sollte, wenn sie nach Prag zurückkamen. Da saß er nun und fingerte und pfiff dazwischen manchmal so falsch, dass es einem durch Mark und Bein ging und man oft sein eigenes Wort nicht verstehen konnte.

Auf einmal schrie der Waldhornist mit seiner Bassstimme. »Topp, da hab ich es«, er schlug dabei fröhlich auf die Landkarte neben ihm. Der andere ließ auf einen Augenblick von seinem fleißigen Blasen ab, und sah ihn verwundert an. »Hört«, sagte der Waldhornist, »nicht weit von Wien ist ein Schloss, auf dem Schlosse ist ein Portier, und der Portier ist mein Vetter! Teuerste Kondiszipels, da müssen wir hin, machen dem Herrn Vetter unser Kompliment, und er wird dann schon dafür sorgen, wie er uns wieder weiter fortbringt!« – Als ich das hörte, fuhr ich geschwind auf. »Bläst er nicht auf dem Fagott?« rief ich, »und ist von langer grader Leibesbeschaffenheit, und hat eine große vornehme Nase?« – Der Waldhornist nickte mit dem Kopfe. Ich aber embrassierte ihn vor Freuden, dass ihm der Dreistutzer vom Kopfe fiel, und wir beschlossen nun sogleich, alle miteinander im Postschiffe auf der Donau nach dem Schloss der schönen Gräfin hinunterzufahren.

Als wir an das Ufer kamen, war schon alles zur Abfahrt bereit. Der dicke Gastwirt, bei dem das Schiff über Nacht an-

exerzierte sich … ein übte … ein

Messe Kirchenmusikkomposition, die auf den Texten des katholischen Gottesdienstes (der Messe) basiert

Topp Ausdruck der Bekräftigung und Zustimmung

Vetter hier: ein entfernter Verwandter

Kondiszipels (lat.) Mitschüler, Mitstudenten

embrassierte umarmte (von frz. ›embrasser‹)

gelegt hatte, stand breit und behaglich in seiner Haustür, die er ganz ausfüllte, und ließ zum Abschied allerlei Witze und Redensarten erschallen, während in jedem Fenster ein Mädchenkopf herausfuhr und den Schiffern noch freundlich zunickte, die soeben die letzten Pakete nach dem Schiffe schafften. Ein ältlicher Herr mit einem grauen Überrock und schwarzen Halstuch, der auch mitfahren wollte, stand am Ufer, und sprach sehr eifrig mit einem jungen schlanken Bürschchen, das mit langen ledernen Beinkleidern und knapper, scharlachroter Jacke vor ihm auf einem prächtigen Engländer saß. Es schien mir zu meiner großen Verwunderung, als wenn sie beide zuweilen nach mir hinblickten und von mir sprächen. – Zuletzt lachte der alte Herr, das schlanke Bürschchen schnalzte mit der Reitgerte, und sprengte, mit den Lerchen über ihm um die Wette, durch die Morgenluft in die blitzende Landschaft hinein.

Engländer Pferd aus edler englischer Zucht

Unterdes hatten die Studenten und ich unsere Kasse zusammengeschossen. Der Schiffer lachte und schüttelte den Kopf, als ihm der Waldhornist damit unser Fährgeld in lauter Kupferstücken aufzählte, die wir mit großer Not aus allen unsern Taschen zusammengebracht hatten. Ich aber jauchzte laut auf, als ich auf einmal wieder die Donau so recht vor mir sah; wir sprangen geschwind auf das Schiff hinauf, der Schiffer gab das Zeichen, und so flogen wir nun im schönsten Morgenglanze zwischen den Bergen und Wiesen hinunter.

zusammengeschossen zusammengelegt

Kupferstücken im Gegensatz zu den damals ebenfalls gängigen Gold- und Silbermünzen Münzen von geringem Wert

Da schlugen die Vögel im Walde, und von beiden Seiten klangen die Morgenglocken von fern aus den Dörfern, hoch in der Luft hörte man manchmal die Lerchen dazwischen. Von dem Schiffe aber jubilierte und schmetterte ein Kanarienvogel mit darein, dass es eine rechte Lust war.

Der gehörte einem hübschen jungen Mädchen, die auch mit auf dem Schiffe war. Sie hatte den Käfig dicht neben sich stehen, von der andern Seite hielt sie ein feines Bündel Wäsche unterm Arm, so saß sie ganz still für sich und sah recht zufrieden bald auf ihre neue Reiseschuhe, die unter dem Röckchen hervorkamen, bald wieder in das Wasser vor sich hinunter, und die Morgensonne glänzte ihr dabei auf der weißen Stirn, über der sie die Haare sehr sauber gescheitelt hatte. Ich merkte wohl, dass die Studenten gern einen höflichen Diskurs mit ihr angesponnen hätten, denn sie gingen immer an ihr vorüber, und der Waldhornist räusperte sich dabei und rückte bald an seiner Halsbinde, bald an dem Dreistutzer. Aber sie hatten keine rechte Courage, und das Mädchen schlug auch jedesmal die Augen nieder, sobald sie ihr näherkamen.

genierten sie sich … hielten sie sich (aus Respekt) … zurück

Brevier (lat.) Gebetbuch

Besonders aber genierten sie sich vor dem ältlichen Herrn, mit dem grauen Überrock, der nun auf der andern Seite des Schiffes saß, und den sie gleich für einen Geistlichen hielten. Er hatte ein Brevier vor sich, in welchem er las, dazwischen aber oft in die schöne Gegend von dem Buche aufsah, dessen Goldschnitt und die vielen dareingelegten bunten Heiligenbilder prächtig im Morgenschein blitzten. Dabei bemerkte er auch sehr gut, was auf dem Schiffe vorging, und erkannte bald die Vögel an ihren Federn; denn es dauerte nicht lange, so redete er einen von den Studenten lateinisch an, worauf alle drei herantraten, die Hüte vor ihm abnahmen, und ihm wieder lateinisch antworteten.

erkannte bald die Vögel an ihren Federn wusste bald, was für Gesellen er da vor sich hatte

Ich aber hatte mich unterdes ganz vorn auf die Spitze des Schiffes gesetzt, ließ vergnügt meine Beine über dem Wasser herunterbaumeln, und blickte, während das Schiff so fortflog und die Wellen unter mir rauschten und schäumten, immerfort in die blaue Ferne, wie da ein Turm und ein Schloss nach dem andern aus dem Ufergrün hervorkam, wuchs und wuchs, und endlich hinter uns wieder verschwand. Wenn ich nur *heute* Flügel hätte! dachte ich, und zog endlich vor Ungeduld meine liebe Violine hervor, und spielte alle meine ältesten Stücke durch, die ich noch zu Hause und auf dem Schloss der schönen Frau gelernt hatte.

Auf einmal klopfte mir jemand von hinten auf die Achsel. Es war der geistliche Herr, der unterdes sein Buch weggelegt, und mir schon ein Weilchen zugehört hatte. »Ei«, sagte er lachend zu mir, »ei, ei, Herr *Ludi magister*, Essen und Trinken vergisst Er.« Er hieß mich darauf meine Geige einstecken, um einen Imbiss mit ihm einzunehmen, und führte mich zu einer kleinen lustigen Laube, die von den Schiffern aus jungen Birken und Tannenbäumchen in der Mitte des Schiffes aufgerichtet worden war. Dort hatte er einen Tisch hinstellen lassen, und ich, die Studenten, und selbst das junge Mädchen mussten uns auf die Fässer und Pakete ringsherum setzen.

Ludi magister (lat.) Meister des (Geigen-)Spiels

Der geistliche Herr packte nun einen großen Braten und Butterschnitten aus, die sorgfältig in Papier gewickelt waren, zog auch aus einem Futteral mehrere Weinflaschen und einen silbernen, innerlich vergoldeten Becher hervor, schenkte ein, kostete erst, roch daran und prüfte wieder und reichte dann einem jeden von uns. Die Studenten saßen ganz kerzengerade auf ihren Fässern, und aßen und tranken nur sehr wenig vor großer Devotion. Auch das Mädchen tauchte bloß das Schnäbelchen in den Becher, und blickte dabei schüchtern bald auf mich, bald auf die Studenten, aber je öfter sie uns ansah, je dreister wurde sie nach und nach.

Futteral Hülle, Überzug

Devotion (lat.) Ehrfurcht, Ehrerbietung, Ergebenheit

dreister ungenierter

Sie erzählte endlich dem geistlichen Herrn, dass sie nun zum ersten Male von Hause in Kondition komme, und soeben auf das Schloss ihrer neuen Herrschaft reise. Ich wurde über und über rot, denn sie nannte dabei das Schloss der schönen gnädigen Frau. – Also das soll meine zukünftige Kammerjungfer sein! dachte ich und sah sie groß an, und mir schwindelte fast dabei. – »Auf dem Schlosse wird es bald

Kondition hier: (berufliche) Anstellung

eine große Hochzeit geben«, sagte darauf der geistliche Herr. »Ja«, erwiderte das Mädchen, die gern von der Geschichte mehr gewusst hätte; »man sagt, es wäre schon eine alte, heimliche Liebschaft gewesen, die Gräfin hätte es aber niemals zugeben wollen.« Der Geistliche antwortete nur mit: »Hm, hm!«, während er seinen Jagdbecher vollschenkte, und mit bedenklichen Mienen daraus nippte. Ich aber hatte mich mit beiden Armen weit über den Tisch vorgelegt, um die Unterredung recht genau anzuhören. Der geistliche Herr bemerkte es. »Ich kann's Euch wohl sagen«, hub er wieder an, »die beiden Gräfinnen haben mich auf Kundschaft ausgeschickt, ob der Bräutigam schon vielleicht hier in der Gegend sei. Eine Dame aus Rom hat geschrieben, dass er schon lange von dort fort sei.« – Wie er von der Dame aus Rom anfing, wurd' ich wieder rot. »Kennen denn Ew. Hochwürden den Bräutigam?« fragte ich ganz verwirrt. – »Nein«, erwiderte der alte Herr, »aber er soll ein lustiger Vogel sein.« – »O ja«, sagte ich hastig, »ein Vogel, der aus jeden Käfig ausreißt, sobald er nur kann, und lustig singt, wenn er wieder in der Freiheit ist.« – »Und sich in der Fremde herumtreibt«, fuhr der Herr gelassen fort, »in der Nacht passatim geht, und am Tage vor den Haustüren schläft.« – Mich verdross das sehr. »Ehrwürdiger Herr«, rief ich ganz hitzig aus, »da hat man Euch falsch berichtet. Der Bräutigam ist ein moralischer, schlanker, hoffnungsvoller Jüngling, der in Italien in einem alten Schlosse auf großem Fuß gelebt hat, der mit lauter Gräfinnen, berühmten Malern und Kammerjungfern umgegangen ist, der sein Geld sehr wohl zu Rate zu halten weiß, wenn er nur welches hätte, der« – »Nun, nun, ich wusste nicht, dass Ihr ihn so gut kennt«, unterbrach mich hier der Geistliche, und lachte dabei so herzlich, dass er ganz blau im Gesichte wurde, und ihm die Tränen aus den Augen rollten. – »Ich hab doch aber gehört«, ließ sich nun das

mit bedenklichen Mienen mit nachdenklicher Miene

passatim geht umherstreift (siehe auch die Seiten 47 und 119)

zu Rate zu halten zusammenzuhalten

Mädchen wieder vernehmen, »der Bräutigam wäre ein großer, überaus reicher Herr.« – »Ach Gott, ja doch, ja! Konfusion, nichts als Konfusion!« rief der Geistliche und konnte sich noch immer vor Lachen nicht zugute geben, bis er sich endlich ganz verhustete. Als er sich wieder ein wenig erholt hatte, hob er den Becher in die Höh' und rief: »das Brautpaar soll leben!« – Ich wusste gar nicht, was ich von dem Geistlichen und seinem Gerede denken sollte, ich schämte mich aber, wegen der römischen Geschichten, ihm hier vor allen Leuten zu sagen, dass ich selber der verlorene glückselige Bräutigam sei.

Konfusion Verwirrung

zugute geben beruhigen

Der Becher ging wieder fleißig in die Runde, der geistliche Herr sprach dabei freundlich mit allen, so dass ihm bald ein jeder gut wurde, und am Ende alles fröhlich durcheinandersprach. Auch die Studenten wurden immer redseliger und erzählten von ihren Fahrten im Gebirge, bis sie endlich gar ihre Instrumente holten und lustig zu blasen anfingen. Die kühle Wasserluft strich dabei durch die Zweige der Laube, die Abendsonne vergoldete schon die Wälder und Täler, die schnell an uns vorüberflogen, während die Ufer von den Waldhornsklängen widerhallten. – Und als dann der Geistliche von der Musik immer vergnügter wurde und lustige Geschichten aus seiner Jugend erzählte: wie auch er zur Vakanz über Berge und Täler gezogen, und oft hungrig und durstig, aber immer fröhlich gewesen, und wie eigentlich das ganze Studentenleben eine große Vakanz sei zwischen der engen düstern Schule und der ernsten Amtsarbeit – da tranken die Studenten noch einmal herum, und stimmten dann frisch ein Lied an, dass es weit in die Berge hineinschallte:

Nach Süden nun sich lenken
Die Vöglein allzumal,

Viel' Wandrer lustig schwenken
Die Hüt' im Morgenstrahl.
Das sind die Herrn Studenten,
Zum Tor hinaus es geht,
Auf ihren Instrumenten
Sie blasen zum Valet:
Ade in die Läng' und Breite,
O Prag, wir ziehn in die Weite!
Et habeat bonam pacem,
Qui sedet post fornacem!

Nachts wir durchs Städtlein schweifen,
Die Fenster schimmern weit,
Am Fenster drehn und schleifen
Viel schön geputzte Leut'.
Wir blasen vor den Türen
Und haben Durst genung,
Das kommt vom Musizieren,
Herr Wirt, einen frischen Trunk!
Und siehe über ein Kleines
Mit einer Kanne Weines
Venit ex sua domo –
Beatus ille homo!

Nun weht schon durch die Wälder
Der kalte Boreas,
Wir streichen durch die Felder,
Von Schnee und Regen nass,
Der Mantel fliegt im Winde,
Zerrissen sind die Schuh,
Da blasen wir geschwinde
Und singen noch dazu:
Beatus ille homo

Valet (lat.) Abschied, Lebewohl

Et habeat bonam pacem, / Qui sedet post fornacem! (lat.) Und es möge guten Frieden haben, / der hinter dem Ofen sitzt!

schleifen tanzen einen Schleifer (siehe Seite 35)

über ein Kleines nach kurzer Zeit

Venit ex sua domo – / Beatus ille homo! (lat.) Kommt er aus seinem Haus – / Wie glücklich ist jener Mensch!

Boreas der Nordwind in der griechischen Mythologie

Qui sedet in sua domo
Et sedet post fornacem
Et habet bonam pacem!

Beatus ille homo … bonam pacem! (lat.) Glücklich ist jener Mensch, / der in seinem Haus sitzt / und hinter dem Ofen sitzt / und seinen guten Frieden hat!

Ich, die Schiffer und das Mädchen, obgleich wir alle kein Latein verstanden, stimmten jedesmal jauchzend in den letzten Vers mit ein, ich aber jauchzte am allervergnügtesten, denn ich sah soeben von fern mein Zollhäuschen und bald darauf auch das Schloss in der Abendsonne über die Bäume hervorkommen.

Zehntes Kapitel

Das Schiff stieß an das Ufer, wir sprangen schnell ans Land und verteilten uns nun nach allen Seiten im Grünen, wie Vögel, wenn das Gebauer plötzlich aufgemacht wird. Der geistliche Herr nahm eiligen Abschied und ging mit großen Schritten nach dem Schlosse zu. Die Studenten dagegen wanderten eifrig nach einem abgelegenen Gebüsch, wo sie noch geschwind ihre Mäntel ausklopfen, sich in dem vorüberfließenden Bache waschen, und einer den andern rasieren wollten. Die neue Kammerjungfer endlich ging mit ihrem Kanarienvogel und ihrem Bündel unterm Arm nach dem Wirtshause unter dem Schlossberge, um bei der Frau Wirtin, die ich ihr als eine gute Person rekommandiert hatte, ein besseres Kleid anzulegen, ehe sie sich oben im Schlosse vorstellte. Mir aber leuchtete der schöne Abend recht durchs Herz, und als sie sich nun alle verlaufen hatten, bedachte ich mich nicht lange und rannte sogleich nach dem herrschaftlichen Garten hin.

das Gebauer der Käfig (siehe Seite 77)

endlich schließlich

rekommandiert empfohlen (von frz. ›recommander‹)

Mein Zollhaus, an dem ich vorbeimusste, stand noch auf der alten Stelle, die hohen Bäume aus dem herrschaftlichen

Garten rauschten noch immer darüber hin, ein Goldammer, die damals auf dem Kastanienbaume vor dem Fenster jedesmal bei Sonnenuntergang sein Abendlied gesungen hatte, sang auch wieder, als wäre seitdem gar nichts in der Welt vorgegangen. Das Fenster im Zollhause stand offen, ich lief voller Freuden hin und steckte den Kopf in die Stube hinein. Es war niemand darin, aber die Wanduhr pickte noch immer ruhig fort, der Schreibtisch stand am Fenster, und die lange Pfeife in einem Winkel, wie damals. Ich konnte nicht widerstehen, ich sprang durch das Fenster hinein, und setzte mich an den Schreibtisch vor das große Rechenbuch hin. Da fiel der Sonnenschein durch den Kastanienbaum vor dem Fenster wieder grüngolden auf die Ziffern in dem aufgeschlagenen Buche, die Bienen summten wieder an dem offnen Fenster hin und her, der Goldammer draußen auf dem Baume sang fröhlich immerzu. – Auf einmal aber ging die Türe aus der Stube auf, und ein alter, langer Einnehmer in meinem punktierten Schlafrock trat herein! Er blieb in der Türe stehen, wie er mich so unversehens erblickte, nahm schnell die Brille von der Nase, und sah mich grimmig an. Ich aber erschrak nicht wenig darüber, sprang, ohne ein Wort zu sagen, auf, und lief aus der Haustür durch den kleinen Garten fort, wo ich mich noch bald mit den Füßen in dem fatalen Kartoffelkraut verwickelt hätte, das der alte Einnehmer nunmehr, wie ich sah, nach des Portiers Rat statt meiner Blumen angepflanzt hatte. Ich hörte noch, wie er vor die Tür herausfuhr und hinter mir dreinschimpfte, aber ich saß schon oben auf der hohen Gartenmauer, und schaute mit klopfendem Herzen in den Schlossgarten hinein.

pickte tickte

punktierten gepunkteten, gemusterten

unversehens plötzlich, unerwartet

Da war ein Duften und Schimmern und Jubilieren von allen Vöglein; die Plätze und Gänge waren leer, aber die vergoldeten Wipfel neigten sich im Abendwinde vor mir, als wollten sie mich bewillkommnen, und seitwärts aus dem tiefen Grunde blitzte zuweilen die Donau zwischen den Bäumen nach mir herauf.

Auf einmal hörte ich in einiger Entfernung im Garten singen:

Schweigt der Menschen laute Lust:
Rauscht die Erde wie in Träumen
Wunderbar mit allen Bäumen,
Was dem Herzen kaum bewusst,
Alte Zeiten, linde Trauer,
Und es schweifen leise Schauer
Wetterleuchtend durch die Brust.

Die Stimme und das Lied klang mir so wunderlich, und doch wieder so altbekannt, als hätte ich's irgendeinmal im Traume gehört. Ich dachte lange, lange nach. – »Das ist der Herr Guido!« rief ich endlich voller Freude, und schwang mich schnell in den Garten hinunter – es war dasselbe Lied, das er an jenem Sommerabend auf dem Balkon des italienischen Wirtshauses sang, wo ich ihn zum letzten Mal gesehn hatte.

Er sang noch immer fort, ich aber sprang über Beete und Hecken dem Liede nach. Als ich nun zwischen den letzten Rosensträuchern hervortrat, blieb ich plötzlich wie verzaubert stehen. Denn auf dem grünen Platze am Schwanenteich, recht vom Abendrot beschienen, saß die schöne gnädige Frau, in einem prächtigen Kleide und einem Kranz von weißen und roten Rosen in dem schwarzen Haar, mit niedergeschlagenen Augen auf einer Steinbank und spielte während des Liedes mit ihrer Reitgerte vor sich auf dem Rasen, gradeso wie damals auf dem Kahne, da ich ihr das Lied von der schönen Frau vorsingen musste. Ihr gegenüber saß eine andre junge Dame, die hatte den weißen runden Nacken voll brauner Locken gegen mich gewendet, und sang zur Gitarre, während die Schwäne auf dem stillen Weiher langsam im Kreise herumschwammen. – Da hob die schöne Frau auf einmal die Augen, und schrie laut auf, da sie mich erblickte. Die andere Dame wandte sich rasch nach mir herum, dass ihr die Locken ins Gesicht flogen, und da sie mich recht ansah, brach sie in ein unmäßiges Lachen aus, sprang dann von der Bank und klatschte dreimal mit den Händchen. In demselben Augenblick kam eine große Menge kleiner Mädchen in blütenweißen kurzen Kleidchen mit grünen und roten Schleifen zwischen den Rosensträuchern hervorgeschlüpft, so dass ich gar nicht begreifen konnte, wo sie alle gesteckt hatten. Sie hielten eine lange Blumengirlande in den Händen, schlossen schnell einen Kreis um mich, tanzten um mich herum und sangen dabei:

da als (siehe Seite 8)

Wir bringen dir den Jungfernkranz
Mit veilchenblauer Seide,
Wir führen dich zu Lust und Tanz,
Zu neuer Hochzeitsfreude.
Schöner, grüner Jungfernkranz,
Veilchenblaue Seide.

Wir bringen … Seide. → Seite 126

Das war aus dem Freischützen. Von den kleinen Sängerinnen erkannte ich nun auch einige wieder, es waren Mädchen aus dem Dorfe. Ich kneipte sie in die Wangen und wäre gern aus dem Kreise entwischt, aber die kleinen schnippischen Dinger ließen mich nicht heraus. – Ich wusste gar nicht, was die Geschichte eigentlich bedeuten sollte, und stand ganz verblüfft da.

kneipte kniff

Da trat plötzlich ein junger Mann in feiner Jägerkleidung aus dem Gebüsch hervor. Ich traute meinen Augen kaum – es war der fröhliche Herr Leonhard! – Die kleinen Mädchen öffneten nun den Kreis und standen auf einmal wie verzaubert, alle unbeweglich auf einem Beinchen, während sie das andere in die Luft streckten, und dabei die Blumengirlanden mit beiden Armen hoch über den Köpfen in die Höh' hielten. Der Herr Leonhard aber fasste die schöne gnädige Frau, die noch immer ganz still stand und nur manchmal auf mich herüberblickte, bei der Hand, führte sie bis zu mir und sagte:

»Die Liebe – darüber sind nun alle Gelehrten einig – ist eine der kuragiösesten Eigenschaften des menschlichen Herzens, die Bastionen von Rang und Stand schmettert sie mit einem Feuerblicke darnieder, die Welt ist ihr zu eng und die Ewigkeit zu kurz. Ja, sie ist eigentlich ein Poetenmantel, den jeder Phantast einmal in der kalten Welt umnimmt, um nach Arkadien auszuwandern. Und je entfernter zwei getrennte Verliebte voneinander wandern, in desto anständigern Bogen bläst der Reisewind den schillernden Mantel hinter ihnen auf, desto kühner und überraschender entwickelt sich der Faltenwurf, desto länger und länger wächst der Talar den Liebenden hinten nach, so dass ein Neutraler nicht über Land gehen kann, ohne unversehens auf ein paar solche Schleppen zu treten. O teuerster Herr Einnehmer und Bräutigam! obgleich Ihr in diesem Mantel bis an den Gestaden der Tiber dahinrauschtet, das kleine Händchen Eurer gegenwärtigen Braut hielt Euch dennoch am äußersten Ende der Schleppe fest, und wie Ihr zucktet und geigtet und rumortet, Ihr musstet zurück in den stillen Bann ihrer schönen Augen. – Und nun dann, da es so gekommen ist, ihr zwei lieben, lieben närrischen Leute! schlagt den seligen Mantel um euch, dass die ganze andere Welt rings um euch untergeht – liebt euch wie die Kaninchen und seid glücklich!«

Der Herr Leonhard war mit seinem Sermon kaum erst fertig, so kam auch die andere junge Dame, die vorhin das Liedchen gesungen hatte, auf mich los, setzte mir schnell einen frischen Myrtenkranz auf den Kopf, und sang dazu sehr ne-

kuragiösesten mutigsten (von frz. ›courageux‹)

Bastionen von Rang und Stand → Seite 127

Arkadien → Seite 127

Talar langes Amts- und Festgewand, vor allem von Akademikern und Geistlichen

Gestaden der Tiber Ufern des Tiber, des drittlängsten Flusses Italiens, der auch durch Rom fließt

Sermon (lat.) Rede, Predigt

Myrtenkranz Kranz aus der immergrünen Myrte, die seit der Antike als Brautschmuck verwendet wird und als Symbol der Reinheit, Keuschheit und Jungfräulichkeit gilt

ckisch, während sie mir den Kranz in den Haaren festrückte und ihr Gesichtchen dabei dicht vor mir war:

> Darum bin ich dir gewogen,
> Darum wird dein Haupt geschmückt,
> Weil der Strich von deinem Bogen
> Öfters hat mein Herz entzückt.

Dann trat sie wieder ein paar Schritte zurück. – »Kennst du die Räuber noch, die dich damals in der Nacht vom Baume schüttelten?« sagte sie, indem sie einen Knicks mir machte und mich so anmutig und fröhlich ansah, dass mir ordentlich das Herz im Leibe lachte. Darauf ging sie, ohne meine Antwort abzuwarten, rings um mich herum. »Wahrhaftig noch ganz der Alte, ohne allen welschen Beischmack! aber nein, sieh doch nur einmal die dicken Taschen an!« rief sie plötzlich zu der schönen gnädigen Frau, »Violine, Wäsche, Barbiermesser, Reisekoffer, alles durcheinander!« Sie drehte mich dabei nach allen Seiten, und konnte sich vor Lachen gar nicht zugute geben. Die schöne gnädige Frau war unterdes noch immer still, und mochte gar nicht die Augen aufschlagen vor Scham und Verwirrung. Oft kam es mir vor, als zürnte sie heimlich über das viele Gerede und Spaßen. Endlich stürzten ihr plötzlich Tränen aus den Augen, und sie verbarg ihr Gesicht an der Brust der andern Dame. Diese sah sie erst erstaunt an, und drückte sie dann herzlich an sich.

Beischmack Beigeschmack

Ich aber stand ganz verdutzt da. Denn je genauer ich die fremde Dame betrachtete, desto deutlicher erkannte ich sie, es war wahrhaftig niemand anders, als – der junge Herr Maler Guido!

Ich wusste gar nicht was ich sagen sollte, und wollte soeben näher nachfragen, als Herr Leonhard zu ihr trat und heimlich mit ihr sprach. »Weiß er denn noch nicht?« hörte ich ihn fragen. Sie schüttelte mit dem Kopfe. Er besann sich darauf einen Augenblick. »Nein, nein«, sagte er endlich, »er muss schnell alles erfahren, sonst entsteht nur neues Geplauder und Gewirre.«

»Herr Einnehmer«, wandte er sich nun zu mir, »wir haben jetzt nicht viel Zeit, aber tue mir den Gefallen und wundere dich hier in aller Geschwindigkeit aus, damit du nicht hinterher durch Fragen, Erstaunen und Kopfschütteln unter den Leuten alte Geschichten aufrührst, und neue Erdichtungen und Vermutungen ausschüttelst.« – Er zog mich bei diesen Worten tiefer in das Gebüsch hinein, während das Fräulein mit der, von der schönen gnädigen Frau weggelegten Reitgerte in der Luft focht und alle ihre Locken tief in das Gesichtchen schüttelte, durch die ich aber doch sehen konnte, dass sie bis an die Stirn rot wurde. – »Nun denn«, sagte Herr Leonhard, »Fräulein Flora, die hier soeben tun will, als hörte und wüsste sie von der ganzen Geschichte nichts, hatte in aller Geschwindigkeit ihr Herzchen mit jemandem vertauscht. Darüber kommt ein andrer und bringt ihr mit Prologen, Trompeten und Pauken wiederum *sein* Herz dar und will ihr Herz dagegen. Ihr Herz ist aber schon bei jemand, und jemands Herz bei ihr, und der Jemand will sein Herz nicht wiederhaben, und ihr Herz nicht wieder zurückgeben. Alle Welt schreit – aber du hast wohl noch keinen Roman gelesen?« – Ich verneinte es. – »Nun, so hast du doch einen mitgespielt. Kurz: das war eine solche Konfusion mit den Herzen, dass der Jemand – das heißt ich – mich zuletzt selbst ins Mittel legen musste. Ich schwang mich bei lauer Sommernacht auf mein Ross, hob das Fräulein als Maler Guido auf das andere und so ging es fort nach Süden, um sie in einem meiner einsamen Schlösser in Italien zu verbergen, bis das Geschrei wegen der Herzen vorüber wäre. Unterweges aber kam man uns auf die Spur, und von dem Balkon des wel-

Prologen Vorreden (zu Theaterstücken, meist gesprochen von einer Bühnenfigur)

mich … ins Mittel legen sich … ins Zeug legen, vermittelnd aktiv werden

schen Wirtshauses, vor dem du so vortrefflich Wache schliefst, erblickte Flora plötzlich unsere Verfolger.« – »Also der bucklichte Signor?« – »War ein Spion. Wir zogen uns daher heimlich in die Wälder, und ließen dich auf dem vorbestellten Postkurse allein fortfahren. Das täuschte unsere Verfolger, und zum Überfluss auch noch meine Leute auf dem Bergschlosse, welche die verkleidete Flora stündlich erwarteten, und mit mehr Diensteifer als Scharfsinn dich für das Fräulein hielten. Selbst hier auf dem Schlosse glaubte man, dass Flora auf dem Felsen wohne, man erkundigte sich, man schrieb an sie – hast du nicht ein Briefchen erhalten?« – Bei diesen Worten fuhr ich blitzschnell mit dem Zettel aus der Tasche. – »Also dieser Brief?« – »Ist an mich«, sagte Fräulein Flora, die bisher auf unsre Rede gar nicht acht zu geben schien, riss mir den Zettel rasch aus der Hand, überlas ihn und steckte ihn dann in den Busen. – »Und nun«, sagte Herr Leonhard, »müssen wir schnell in das Schloss, da wartet schon alles auf uns. Also zum Schluss, wie sich's von selbst versteht und einem wohlerzognen Romane gebührt: Entdeckung, Reue, Versöhnung, wir sind alle wieder lustig beisammen, und übermorgen ist Hochzeit!«

zogen uns … zogen uns … zurück, gingen

Busen Ausschnitt (ihres Kleides)

Da er noch so sprach, erhob sich plötzlich in dem Gebüsch ein rasender Spektakel von Pauken und Trompeten, Hörnern und Posaunen; Böller wurden dazwischen gelöst und Vivat gerufen, die kleinen Mädchen tanzten von Neuem, und aus allen Sträuchern kam ein Kopf über dem andern hervor, als wenn sie aus der Erde wüchsen. Ich sprang in dem Geschwirre und Geschleife ellenhoch von einer Seite zur andern, da es aber schon dunkel wurde, erkannte ich erst nach und nach alle die alten Gesichter wieder. Der alte Gärtner schlug die Pauken, die Prager Studenten in ihren Mänteln musizierten mitten darunter, neben ihnen fingerte der Portier wie toll auf seinem Fagott. Wie ich den so unverhofft

dem … Geschleife der Tanzerei (siehe auch die Seiten 35 und 100)

erblickte, lief ich sogleich auf ihn zu, und embrassierte ihn heftig. Darüber kam er ganz aus dem Konzept. »Nun wahrhaftig und wenn der bis ans Ende der Welt reist, er ist und bleibt ein Narr!« rief er den Studenten zu, und blies ganz wütend weiter.

embrassierte umarmte (siehe Seite 94)

Unterdes war die schöne gnädige Frau vor dem Rumor heimlich entsprungen, und flog wie ein aufgescheuchtes Reh über den Rasen tiefer in den Garten hinein. Ich sah es noch zur rechten Zeit und lief ihr eiligst nach. Die Musikanten merkten in ihrem Eifer nichts davon, sie meinten nachher: wir wären schon nach dem Schlosse aufgebrochen, und die ganze Bande setzte sich nun mit Musik und großem Getümmel gleichfalls dorthin auf den Marsch.

Wir aber waren fast zu gleicher Zeit in einem Sommerhause angekommen, das am Abhange des Gartens stand, mit dem offnen Fenster nach dem weiten, tiefen Tale zu. Die Sonne war schon lange untergegangen hinter den Bergen, es schimmerte nur noch wie ein rötlicher Duft über dem warmen, verschallenden Abend, aus dem die Donau immer vernehmlicher heraufrauschte, je stiller es ringsum wurde. Ich sah unverwandt die schöne Gräfin an, die ganz erhitzt vom Laufen dicht vor mir stand, so dass ich ordentlich hören konnte, wie ihr das Herz schlug. Ich wusste nun aber gar nicht, was ich sprechen sollte vor Respekt, da ich auf einmal so allein mit ihr war. Endlich fasste ich ein Herz, nahm ihr kleines weißes Händchen – da zog sie mich schnell an sich und fiel mir um den Hals, und ich umschlang sie fest mit beiden Armen.

Sie machte sich aber geschwind wieder los und legte sich ganz verwirrt in das Fenster, um ihre glühenden Wangen in der Abendluft abzukühlen. – »Ach«, rief ich, »mir ist mein Herz recht zum Zerspringen, aber ich kann mir noch alles nicht recht denken, es ist mir alles noch wie ein Traum!« –

Jockey (engl.) Rennreiter; hier: Reitknecht

es traf grade es traf sich (der Zufall wollte), dass gerade ... war

Knackmandeln noch in der Schale befindliche Mandeln, die zum Verzehr aufgeknackt werden müssen

»Mir auch«, sagte die schöne gnädige Frau. »Als ich vergangenen Sommer«, setzte sie nach einer Weile hinzu, »mit der Gräfin aus Rom kam, und wir das Fräulein Flora glücklich gefunden hatten, und mit zurückbrachten, von dir aber dort und hier nichts hörten – da dacht' ich nicht, dass alles noch so kommen würde! Erst heut zu Mittag sprengte der Jockey, der gute flinke Bursch', atemlos auf den Hof und brachte die Nachricht, dass du mit dem Postschiffe kämst.« – Dann lachte sie still in sich hinein. »Weißt du noch«, sagte sie, »wie du mich damals auf dem Balkon zum letzten Mal sahst? das war grade wie heute, auch so ein stiller Abend, und Musik im Garten.« – »Wer ist denn eigentlich gestorben?« frug ich hastig. – »Wer denn?« sagte die schöne Frau und sah mich erstaunt an. – »Der Herr Gemahl von Ew. Gnaden«, erwiderte ich, »der damals mit auf dem Balkon stand.« – Sie wurde ganz rot. »Was hast du auch für Seltsamkeiten im Kopfe!« rief sie aus, »das war ja der Sohn von der Gräfin, der eben von Reisen zurückkam, und es traf grade auch mein Geburtstag, da führte er mich mit auf den Balkon hinaus, damit ich auch ein Vivat bekäme. – Aber deshalb bist du wohl damals von hier fortgelaufen?« – »Ach Gott, freilich!« rief ich aus, und schlug mich mit der Hand vor die Stirn. Sie aber schüttelte mit dem Köpfchen und lachte recht herzlich.

Mir war so wohl, wie sie so fröhlich und vertraulich neben mir plauderte, ich hätte bis zum Morgen zuhören mögen. Ich war so recht seelenvergnügt, und langte eine Hand voll Knackmandeln aus der Tasche, die ich noch aus Italien mitgebracht hatte. Sie nahm auch davon, und wir knackten nun und sahen zufrieden in die stille Gegend hinaus. – »Siehst du«, sagte sie nach einem Weilchen wieder, »das weiße Schlösschen, das da drüben im Mondschein glänzt, das hat uns der Graf geschenkt, samt dem Garten und den Weinbergen, da werden wir wohnen. Er wusst' es schon lange, dass wir einander gut sind, und ist dir sehr gewogen, denn hätt' er dich nicht mitgehabt, als er das Fräulein aus der Pensionsanstalt entführte, so wären sie beide erwischt worden, ehe sie sich vorher noch mit der Gräfin versöhnten, und alles wäre anders gekommen.« – »Mein Gott, schönste, gnädigste Gräfin«, rief ich aus, »ich weiß gar nicht mehr, wo mir der Kopf steht vor lauter unverhofften Neuigkeiten; also der Herr Leonhard?« – »Ja, ja«, fiel sie mir in die Rede, »so nannte er sich in Italien; dem gehören die Herrschaften da drüben, und er heiratet nun unserer Gräfin Tochter, die schöne Flora. – Aber was nennst du mich denn Gräfin?« – Ich sah sie groß an. – »Ich bin ja gar keine Gräfin«, fuhr sie fort, »unsere gnädige Gräfin hat mich nur zu sich aufs Schloss genommen, da mich mein Onkel, der Portier, als kleines Kind und arme Waise mit hierher brachte.«

Nun war's mir doch nicht anders, als wenn mir ein Stein vom Herzen fiele! »Gott segne den Portier«, versetzte ich ganz entzückt, »dass er unser Onkel ist! ich habe immer große Stücke auf ihn gehalten.« – »Er meint es auch gut mit dir«, erwiderte sie, »wenn du dich nur etwas vornehmer hieltest, sagt er immer. Du musst dich jetzt auch eleganter kleiden.« – »Oh«, rief ich voller Freuden, »englischen Frack, Strohhut und Pumphosen und Sporen! und gleich nach der Trauung reisen wir fort nach Italien, nach Rom, da gehn die schönen Wasserkünste, und nehmen die Prager Studenten mit und den Portier!« – Sie lächelte still und sah mich recht vergnügt und freundlich an, und von fern schallte immerfort die Musik herüber, und Leuchtkugeln flogen vom Schloss durch die stille Nacht über die Gärten, und die Donau rauschte dazwischen herauf – und es war alles, alles gut!

gewogen zugetan, wohlgesonnen

Pensionsanstalt Internat für ›höhere Töchter‹, Mädchen aus der vornehmen Gesellschaft

Herrschaften Gebiete, Ländereien, Güter

Illustration von Edmund Brüning (geb. 1865) aus dem Jahre 1898 in einer Ausgabe von Joseph von Eichendorffs Novelle »Aus dem Leben eines Taugenichts«

Zur Textgestalt

Eichendorffs Leben und seine schriftstellerische Laufbahn sind nicht so gründlich durch Selbstzeugnisse dokumentiert, wie das bei anderen Autoren der ersten Hälfte des 19. Jahrhunderts der Fall ist. Nur 200 Briefe aus 50 Jahren sind erhalten geblieben. Auch über die Entstehung von Eichendorffs berühmtester Erzählung ist kaum etwas bekannt. Er arbeitete sie vermutlich zwischen 1817 und 1825 in einem oft unterbrochenen und insgesamt viel mühsameren Schreibprozess aus, als der unbeschwerte Erzählton des fertigen Werkes, in dem vieles wie leichte Improvisation und Augenblickseinfall wirkt, es vermuten lassen würde. Ein Fragment, das weitgehend den ersten beiden Kapiteln der Endfassung entspricht, erschien im Herbst 1823 in der Breslauer Zeitschrift »Deutsche Blätter für Poesie, Litteratur, Kunst und Theater«. Die erste vollständige Veröffentlichung erfolgte im Rahmen des Bandes »Aus dem Leben eines Taugenichts und das Marmorbild. Zwei Novellen nebst einem Anhange von Liedern und Romanzen von Joseph Freiherrn von Eichendorff«, den der mit Eichendorff befreundete Jurist, Verleger und Autor Julius Eduard Hitzig (1780–1849) 1826 in Berlin in der Vereinsbuchhandlung herausbrachte. Weder das Manuskript, das diesem Erstdruck des Werkes zugrunde lag, noch irgendwelche Entwurfsstufen und Vorfassungen der Erzählung haben sich erhalten.

Die vorliegende Ausgabe folgt dieser ersten Buchausgabe der Erzählung von 1826. Die Rechtschreibung ist an den heutigen Stand angepasst (»Türe« statt »Thüre«, »Luken« statt »Lucken« usf.). Zeichensetzung und Lautstand blieben jedoch unangetastet, wie es mittlerweile bei Neuausgaben älterer Werke üblich ist. So sind Formen wie »verdrüßlich« (S. 12, Z. 23), »Bauerburschen« (S. 35, Z. 6), »umsahe« (S. 52, Z. 5), »frug« (S. 53, Z. 29), »nirgend« (S. 54, Z. 1), »weitläuftig« (S. 62, Z. 29), »unterweges« (S. 72, Z. 7f.), »steinigten« (S. 77, Z. 20f.), »gescheut« (S. 81, Z. 5) oder »Augenbraunen« (S. 87, Z. 19f.)

unverändert aus dem Originaltext übernommen. Das gilt auch für einige – nicht sehr zahlreiche – Stellen, die nach den heutigen Regeln grammatisch unstimmig sind, etwa: »Die andern Bursche waren […]« (S. 12, Z. 29f.; vgl. auch S. 96, Z. 3, oder S. 98, Z. 18). Die Lesbarkeit und Verständlichkeit des Textes wird hierdurch nicht beeinträchtigt. Wenn der Lautstand andererseits kaum (»Pausbacken« anstelle von »Bausbacken«) oder gar nicht (»Brot« anstelle von »Brod«) berührt ist, wurde der heutigen Rechtschreibung der Vorzug gegeben.

Offenkundige Satzfehler (etwa »zn« anstelle von »zu« oder »Garteu« anstelle von »Garten«) wurden stillschweigend korrigiert. Im ersten Satz des zweiten Kapitels steht im Original »derselben« (S. 15, Z. 32). Die meisten späteren Ausgaben haben das Wort so übernommen. Da es sich aber sinnvoll nur auf den »herrschaftlichen Garten« beziehen kann, muss man wohl auch hier von einem Fehler ausgehen. Daher heißt es in dieser Ausgabe »demselben«. – Uneinheitliche Schreibweisen (zum Beispiel »gab […] acht« neben »Acht gaben«) wurden vereinheitlicht (»acht gaben«); ebenso der in Texten aus jener Zeit meist recht wahllose Gebrauch von Apostrophen.

Eichendorff hat die meisten fremdsprachlichen Wörter und Wendungen mit einer anderen (serifenlosen) Schrift hervorgehoben. Hier erscheinen sie in Kursivschrift. Hervorhebungen besonders wichtiger Wörter sind in dieser Ausgabe wie im Original durch Kursivsetzung (vgl. zum Beispiel S. 22, Z. 33, oder S. 25, Z. 12) oder Großschreibung (vgl. etwa S. 20, Z. 17f.) kenntlich gemacht. Zuweilen sind auch beide Arten der Betonung kombiniert (vgl. S. 20, Z. 17, oder S. 23, Z. 3).

Wörtliche Rede wird fast immer mit Anführungszeichen angezeigt; nur an ein paar wenigen Stellen weicht das Original von diesem Schema ab (vgl. etwa S. 28, Z. 17f.). Wie in den meisten neueren Ausgaben der Novelle wurde in diesem Punkt auf einen systematisierenden Eingriff in den Originaltext verzichtet.

Erläuterungen

S. 5 »Bauer, behalt deinen Dienst!« »Bauer, behalt deine (Hilfs-)Arbeit!« Anspielung auf die Situation von Tagelöhnern, die sich immer wieder von Neuem um Aushilfstätigkeiten bemühen mussten

S. 7 Ew. Gnaden aufzuwarten Euer Gnaden gefällig zu sein (vgl. auch die Redewendung ›jemandem seine Aufwartung machen‹). Der Bibliothekar und Lexikograf Johann Christian Adelung (1732–1806) erläutert die Anrede »Ew. Gnaden« in seinem »Grammatisch-kritischen Wörterbuch der Hochdeutschen Mundart« (1774–1786, 2. Auflage: 1793–1801) folgendermaßen: »ein Ehrentitel gewisser Personen; im Abstracto Ew. Gnaden. Se[ine] Gnaden, Ihre Gnaden. Ehedem gab man diesen Titel den Kaisern, Königen und weltlichen Fürsten. Seitdem aber Majestät und Durchlaucht üblich geworden sind, bekommen ihn die geistlichen Kurfürsten, ingleichen die gefürsteten Bischöfe und Äbte, wenn sie nicht geborne Fürsten sind, in manchen Fällen auch die neufürstlichen Häuser, ferner die Reichsgrafen und alten Freiherren, mit Beifügung ihrer andern Unterscheidungswürde. Ew. Kurfürstliche, Hochfürstliche, Fürstliche, Bischöfliche, Hochgräfliche, Freiherrliche Gnaden. Ja es verlangen diesen Titel alle geringere Edelleute von ihren Bedienten und Untertanen; wie ihn denn adeliges, besonders verheiratetes, Frauenzimmer nicht nur von bürgerlichen, sondern selbst von adeligen Personen bekommt. Statt des Plurals ist es im Oberdeutschen auch nur im Singular üblich.«

Wagentritt eine hinten an der Kutsche »angebrachte Platte für den Lakaien« oder auch für Gepäck (vgl. die Erläuterung im »Deutschen Wörterbuch« von Jacob und Wilhelm Grimm. 16 Bände in 32 Teilbänden. Leipzig 1854–1961)

Rock »Bei dem männlichen Geschlechte wird zuweilen die ganze obere Kleidung, mit Inbegriff der Weste, der Rock genannt, in welchem Falle es aber nur im gemeinen Leben üblich ist, dagegen in der anständigern Sprechart dafür Kleid gebraucht wird. In engerer und gewöhnlicherer Bedeutung ist der Rock ein langes Oberkleid, sofern es von dem noch längern und weitern Mantel verschieden ist.« (Adelung, Grammatisch-kritisches Wörterbuch)

S. 8 Staatskleidern Ein Staatskleid ist ein »schönes, kostbares Kleid, womit man Staat macht« (Jacob und Wilhelm Grimm, Deutsches Wörterbuch), also Aufsehen erregt.

Kammerjungfer »unverheiratete Frauensperson, welche ihre Herrschaft in ihren Zimmern bedienet, und besser gehalten wird, als ein Kammermädchen; zum Unterschiede von einer Hausjungfer, welche die Haushaltung führet. [...] Im Scherze und mit Verachtung das Kammerkätzchen.« (Adelung, Grammatisch-kritisches Wörterbuch)

Heller »die geringste Münzsorte, welche einen halben Pfennig gilt. [...] Es ist schon eine alte Meinung, dass diese Art Münze ihren Namen von der Stadt Halle in Schwaben [heute Schwäbisch Hall] habe, weil sie daselbst zuerst gemünzet worden, daher man sie im mittlern Latein auch Hallensis nannte. Allein es ist wahrscheinlicher, dass sie von Halb genannt worden, weil sie vom Anfange an einen halben Pfennig galt, und daher auch mit den Pfennigen in ihrem Werte stieg und fiel.« (Adelung, Grammatisch-kritisches Wörterbuch)

S. 9 war ich ... im Brote hatte ich ... eine feste Anstellung (vgl. auch die Redewendung ›in Lohn und Brot stehen‹)

Kavalier »Ritter, Edelmann, auch bloß Herr« als Entsprechung zu ›Dame‹ (Jacob und Wilhelm Grimm, Deutsches Wörterbuch)

S. 11 in den weißen Arm Blässe war seinerzeit ein Schönheitsmerkmal und ein Zeichen von Vornehmheit, während sonnengebräunte Haut mit Feldarbeit und dem mühevollen Leben der ›einfachen Leute‹ assoziiert wurde.

S. 13 Rohrdommel ein aufgrund seines Tarngefieders verborgen im Schilf lebender Vogel aus der Familie der Reiher

S. 14 Wunderhörner Anspielung auf die von Achim von Arnim (1781 bis 1831) und Clemens Brentano (1778–1842) zwischen 1805 und

1808 in drei Bänden in Heidelberg herausgegebene Sammlung von bearbeiteten Volksliedern »Des Knaben Wunderhorn«, die auf Eichendorff wie auf viele Künstler der romantischen Bewegung großen Eindruck machte (vgl. auch Seite 134)

S. 15 Zollhäuschen »dasjenige Haus, wo der Zoll entrichtet wird« (Adelung, Grammatisch-kritisches Wörterbuch). Wegzölle wurden lange Zeit nicht nur an Staatsgrenzen erhoben, sondern bildeten auch für Grundherren, denen die Regierung ein entsprechendes Privileg eingeräumt hatte, eine bedeutende Einnahmequelle.

S. 16 hineinparlierte von frz. ›parler‹: ›sprechen, reden‹; hier im Sinne von ›plaudern, (leichte) Konversation machen‹

Perücke Im 19. Jahrhundert wurden Perücken von Männern nicht mehr im Alltag, sondern nur noch als Bestandteil von Amtstrachten getragen.

S. 19 schönen Magelone Ludwig Tieck (1773–1853), der lange Zeit als der ›König der Romantik‹ galt, hat den volkstümlichen Erzählstoff von der »schönen Magelone« – die hindernisreiche Liebe einer Königstochter zu einem Grafensohn – mit seiner 1797 erschienenen »Liebesgeschichte der schönen Magelone und des Grafen Peter von Provence« in Deutschland populär gemacht.

S. 20 vom Transport bis zum Latus Buchhalterfachsprache: vom Übertrag einer Summe oben auf der Seite eines Rechnungsbuchs bis zum Endbetrag unten auf der Seite

Extrapost »die neben dem gewöhnlichen langsamen Postwagen schneller geförderte Reiseanstalt«: »die großen Herren, wie bekannt, / gehn mit der Extrapost durchs [...] Land [...].« (Jacob und Wilhelm Grimm, Deutsches Wörterbuch)

S. 22 Galanterie »1) Feine Lebensart, Höflichkeit, ohne Plural; ingleichen einzelne aus dieser feinen Lebensart herfließende Handlungen, mit dem Plural. 2) Liebeshändel, verliebtes Betragen.« (Adelung, Grammatisch-kritisches Wörterbuch)

S. 29 Unser Reich ist nicht von dieser Welt! Anspielung auf das Wort Jesu »Mein Reich ist nicht von dieser Welt« (Johannes 18,36).

S. 30 wenn einen die Tarantel beißt, so tanzt man mit ungemeiner Gelenkigkeit Die »Tarantel (Lycosa tarantula) ist der Name einer für giftig geltenden Erdspinne in Unteritalien, die nach der apulischen Stadt Taranto [...] benannt ist [...]. Diese Spinne ist in und außerhalb der Apenninenhalbinsel bekannt und zwar durch die vom Aberglauben stark übertriebenen Folgen ihres allerdings nicht ganz harmlosen Bisses. [...] Die Behauptung, wer von dem Tier gestochen würde, müsse sterben, wenn man ihm nicht mit Theriak oder anderer Arznei zu Hilfe käme, passt ebenso gut auf die T. wie auf den Skorpion. Für das wirkungsvollste Heilmittel gegen den T.stich gilt aber in Italien und Spanien eine wilde Tanzmelodie, die *Tarantella*, durch deren Klänge der Gestochene in Ekstase gerät und tanzt, bis er erschöpft zu Boden fällt. Später wurde missverständlich der wilde Tanz als unmittelbare Folge des Stiches aufgefasst und als eine Art Veitstanz betrachtet. Vgl. die Redensart *wie von der T. gestochen*« (Handwörterbuch des deutschen Aberglaubens. Hrsg. von Hanns Bächtold-Stäubli unter Mitwirkung von Eduard Hoffmann-Krayer. Originalausgabe: 1927–1942. Band 8: Silber – Vulkan: 1937. Neuausgabe: Berlin, New York: Verlag Walter de Gruyter 2000, Spalte 667).

S. 36 den Kopftremulenzen dem Kopfzittern; gemeint ist offenbar eine ›Musikerkrankheit‹, verursacht durch den zu oft praktizierten Klangeffekt des Tremolo (vgl. ital. ›tremare‹: ›zittern, beben‹), der schnellen Wiederholung eines Tones oder auch des trillerartigen Wechsels zwischen zwei Tönen.

ausgeschossner Ladstock der bei Vorderladerwaffen übliche Ladestock, mit dem die Munition in den Lauf eingeführt wurde und der beim vorzeitigen Abfeuern der Waffe hinausschießen konnte

S. 37 Kreidestriche die den Verzehr eines Gastes anzeigenden Striche, anhand derer der Wirt am Ende die Rechnung erstellte

übern Kochlöffel balbiert Manche Dorfbarbiere steckten ihren Kunden vor der Rasur einen Kochlöffel in den Mund, um die eingefallene Wangenhaut zu straffen; daraus entstand diese Redewendung, die gleichbedeutend ist mit ›jemanden übers Ohr hauen‹.

hundsföttische »Hundsfott« ist »ein sehr niedriges Schimpfwort eines nichtswürdigen, besonders eines feigen Menschen, welches für die höchste wörtliche Beschimpfung gehalten wird« (Adelung, Grammatisch-kritisches Wörterbuch).

Feldscher auch ›Feldscherer‹; »im gemeinen Leben [...] ein Barbier oder Wundarzt, sofern er bei den Truppen Dienste leistet. [...] In Niedersachsen werden alle Barbier oder Wundärzte mit diesem Namen beleget; welches ein Überrest des ehemaligen Kriegeswesens ist, wo man nach geendigtem Kriege die Truppen abdankte, da sich denn die Feldscherer in die Städte setzten und Bürger wurden« (Adelung, Grammatisch-kritisches Wörterbuch).

S. 42 repetieren das Schlagwerk einer (Taschen-)Uhr in Gang setzen, damit diese die letzte volle Stunde und die seitdem vergangenen Viertelstunden anzeigt (von frz. ›répéter‹: ›wiederholen‹)

altdeutsche Mode Mode, die der Tracht auf Bildern Albrecht Dürers (1471–1528) nachempfunden war und die auch dazu diente, deutsches Nationalbewusstsein zum Ausdruck zu bringen; daher wurde sie während der Restaurationszeit von der Obrigkeit als Anzeichen oppositioneller Haltung betrachtet und zeitweise sogar verboten.

S. 45 Lombardei Von 1815 bis 1859 stand das Königreich Lombardo-Venetien unter österreichischer Herrschaft; heute ist die Lombardei eine oberitalienische Region, deren Hauptstadt Mailand ist.

S. 47 babylonischen Diskurs ein Gespräch, das dem babylonischen Sprachengewirr gleicht, von dem das Alte Testament berichtet

Klafter alte Maßeinheit, die die volle Armspannweite eines erwachsenen Mannes bezeichnet

passatim zu gehn Wortneubildung aus lat. ›passim‹ (›hier und dort, überall‹) und dem in der Studentensprache gebräuchlichen ›gassatim gehen‹ (›umherstreifen, umherschwärmen‹)

S. 55 als wenn man in Milch und Honig schwämme! Anspielung auf die bekannte biblische Umschreibung des gelobten Landes (2. Mose, 3,8)

S. 62 Rockschöße das untere, durch einen Schlitz zweigeteilte Stück eines Herrenrocks (vgl. Seite 115 f.)

S. 67 goldnen Toren und hohen glänzenden Türmen, von denen Engel in goldenen Gewändern sangen Stilisierung Roms in heilsgeschichtlicher Perspektive als ›himmlisches Jerusalem‹ (vgl. die Offenbarung des Johannes, den Hebräerbrief und den Galaterbrief)

eine uralte Stadt und die Frau Venus Anspielung auf die Sage vom Venusberg, in den Venus, die römische Göttin der sinnlichen Liebe, Männer lockt, welche anschließend der Sünde und Verdammnis anheimfallen; ein von Künstlern der romantischen Epoche – bis hin zu Richard Wagners Oper »Tannhäuser« (1845) – vielfach aufgegriffenes Motiv

S. 71 Wenn ich ein Vöglein wär … mich schwänge! Abwandlung des bekannten Volksliedes, das schon in Johann Gottfried Herders (1744 bis 1803) Volksliedersammlung von 1778 enthalten ist

S. 74 Leonardo da Vinci Der Maler, Architekt, Bildhauer, Anatom und Erfinder Leonardo da Vinci (1452–1519) war einer der bedeutendsten Künstler der Renaissance.

Guido Reni Guido Reni (1575–1642) war ein Maler und Radierer des italienischen Barock, der hauptsächlich in Rom und Bologna wirkte, wo er auch starb.

S. 78 »du rennst da mitten in das sinnreiche Tableau von der schönen Beschreibung hinein, welche der selige Hoffmann, Seite 347 des ›Frauentaschenbuchs für 1816‹, von dem schönsten Hummel'schen Bilde gibt, das im Herbst 1814 auf der Berliner Kunstausstellung zu sehen war!« Mit »Tableau« (frz. ›Bild‹) ist ein ›tableau vivant‹ (›lebendes Bild‹) gemeint, also das im 18. und 19. Jahrhundert in geselligen Zusammenkünften des Bildungsbürgertums so beliebte Nachstellen von Werken der bildenden Kunst durch lebende Personen; im vorliegenden Fall handelt es sich allerdings nicht um eine sorgfältig vorbereitete Inszenierung, sondern um eine spontan sich ergebende Szenerie, die den Sprecher an ein bestimmtes Gemälde bzw. die Beschreibung davon erinnert, die der Jurist, Komponist, Dirigent und nach 1815 auch überaus populäre Schriftsteller E. T. A. Hoffmann (1776–1822) zu Beginn seiner Erzählung »Die Fermate« gibt: »Hummels heitres lebenskräftiges Bild, die Gesellschaft in einer italiänischen Lokanda [Gasthaus, Herberge], ist bekannt worden durch die Berliner Kunstausstellung im Herbst 1814, auf der es sich befand, Aug' und Gemüt gar vieler erlustigend. – Eine üppig verwachsene Laube – ein mit Wein und Früchten besetzter Tisch – an demselben zwei italiänische Frauen einander gegenübersitzend – die eine singt, die andere spielt Chitarra [Gitarre] – zwischen beiden hinterwärts stehend ein Abbate [ein zu keinem Orden gehörender katholischer Geistlicher – ein ›Weltgeistlicher‹ – in Spanien und Italien], der den Musikdirektor macht. Mit aufgehobener Battuta [Taktstock] passt er auf den Moment, wenn Signora die Kadenz, in der sie mit himmelwärts gerichtetem Blick begriffen, endigen wird im langen Trillo, dann schlägt er nieder und die Chitarristin greift keck den Dominanten-Akkord. – Der Abbate ist voll Bewunderung – voll seligen Genusses – und dabei ängstlich gespannt. – Nicht um der Welt willen möchte er den richtigen Niederschlag verpassen. Kaum wagt er zu atmen. Jedem Bienchen, jedem Mücklein möchte er Maul und Flügel verbinden, damit nichts sumse. Umso mehr ist ihm der geschäftige Wirt fatal, der den bestellten Wein gerade jetzt im wichtigsten höchsten Moment herbeiträgt. – Aussicht in einen Laubgang, den glänzende Streiflichter durchbrechen. Dort hält ein Reiter, aus der Lokanda wird ihm ein frischer Trunk aufs Pferd gereicht. –

Vor diesem Bilde standen die beiden Freunde Eduard und Theodor. ›Je mehr ich, sprach Eduard, diese zwar etwas ältliche aber wahrhaft virtuosisch begeisterte Sängerin in ihren bunten Kleidern anschaue, je mehr ich mich an dem ernsten echt römischen Profil, an dem schönen Körperbau der Chitarrspielerin ergötze, je mehr mich der höchst vortreffliche Abbate belustigt, desto freier und stärker tritt mir das Ganze ins wirkliche rege Leben. – Es ist offenbar karikiert im höhern Sinn, aber voll Heiterkeit und Anmut! – Ich möchte nur gleich hineinsteigen in die Laube, und eine von den allerliebsten Korbflaschen öffnen, die mich dort vom Tische herab anlächeln. – Wahrhaftig, mir ist es, als spüre ich schon etwas von dem süßen Duft des edlen Weins. – Nein, diese Anregung darf nicht verhauchen in der kalten nüchternen Luft, die uns hier umweht. – Dem herrlichen Bilde, der Kunst, dem heitern Italia, wo hoch die Lebenslust aufglüht, zu Ehren lass uns hingehen und eine Flasche italiänischen Weins ausstechen.‹ –

Theodor hatte, während Eduard dies in abgebrochenen Sätzen sprach, schweigend und tief in sich gekehrt dagestanden. ›Ja, das lass uns tun!‹ fuhr er jetzt auf, wie aus einem Traum erwachend, aber kaum loskommen konnte er von dem Bilde, und als er, dem Freunde mechanisch folgend, sich schon an der Tür befand, warf er noch sehnsüchtige Blicke zurück nach den Sängerinnen und nach dem Abbate. [...]« (E. T. A. Hoffmann: Sämtliche Werke in sieben Bänden. Band 4: Die Serapions-Brüder. Herausgegeben von Wolf Segebrecht unter Mitarbeit von Ursula Segebrecht. Frankfurt am Main: Deutscher Klassiker Verlag 2001, S. 71–73)

Das »Hummel'sche[] Bild[]«, das um 1814 entstandene Gemälde »Die Fermate« (90 x 101 cm, ursprünglicher Titel »Gesellschaft in einer italienischen Lokanda«) von Johann Erdmann Hummel (1769–1852), befindet sich heute im Besitz der Neuen Pinakothek München (Inventar-Nr. 9263). Im Herbst 1814 wurde es tatsächlich, wie zu Beginn von Hoffmanns Erzählung mitgeteilt und auch in Eichendorffs Novelle erwähnt, auf der Kunstausstellung der Berliner Akademie gezeigt, wo Hoffmann es betrachtete. Hummel lehrte seit 1809 an der Berliner Akademie der Künste. Der Erstdruck von Hoffmanns Erzählung erfolgte, wie Eichendorff ebenfalls (mit genauer Seitenangabe) vermerkt, in dem von Friedrich de la Motte Fouqué (1777–1843) herausgegebenen »Frauentaschenbuch für das Jahr 1816« (dort, S. 347–379), das in Nürnberg im Verlag von Johann Leonhard Schrag erschien. Fouqué, ein angenehmer Mensch, der als Schriftsteller von einer unerschöpflichen und etwas oberflächlichen Produktivität war, mit romantischen Ritterromanen im zeitgenössischen Lesepublikum eine große Anhängerschaft gefunden hatte und dessen 1811 erschienene Märchenerzählung »Undine« – sein einziges Werk, das die Zeiten überdauert hat – als stoffliche Vorlage für E. T. A. Hoffmanns erfolgreiche »Zauberoper« »Undine« (uraufgeführt 1816 in Berlin) diente, förderte Eichendorff in seinen Anfängen als Schriftsteller. Er hatte ihn (in einem Brief vom 26. November 1814) ermutigt, sein erstes größeres Werk, den Roman »Ahnung und Gegenwart«, zu veröffentlichen, und zwar unter seinem eigenen Namen und nicht, wie Eichendorff es vorhatte, unter einem Pseudonym (›Florens‹). »Der Mündigkeit und Kraft Ihrer Poesie«, schrieb Fouqué damals an den jungen Autor, »scheint mir das pseudonymische Spiel nicht mehr zuzusagen.« Fouqué sorgte auch dafür, dass sein eigener Verleger, der oben erwähnte Johann Leonhard Schrag in Nürnberg, sich des Romans annahm, und steuerte ein (weitgehend von Eichendorff vorformuliertes) Vorwort bei, um die Aufmerksamkeit des Publikums auf das Produkt des Newcomers zu lenken. Das nützte nicht viel, denn als der Roman 1815 erschien, blieb die Resonanz schwach. Eichendorff scheint sich gleichwohl auch im Rückblick auf seine dichterischen Anfänge dankbar an den Zuspruch und die Unterstützung erinnert zu haben, die Fouqué ihm seinerzeit hatte zukommen lassen, und so ist die Erwähnung von Hoffmanns Erzählung und die genaue Angabe des Erscheinungsorts auch als Reverenz an Fouqué, den Herausgeber des »Frauentaschenbuchs«, zu betrachten.

Silberblick Technik in der Porträtmalerei, bei der dem Betrachter durch einen leicht ›schielenden‹ Blick (wie dem der berühmten »Mona Lisa« Leonardo da Vincis) der Eindruck vermittelt wird, die abgebildete Person sehe ihn direkt an. Gemeint ist hier wohl, dass die Angesprochene selbst immer nur auf ihren materiellen Vorteil ›schielt‹.

malerischen Pinsels hier neben dem Malerpinsel auch der ›Einfaltspinsel‹ (einfältiger Mensch)

hellen Silberblick hellem Aufblinken; mehrdeutige Verwendung eines Fachbegriffs aus der Gewinnung von Silber aus Bleierzen, der den Moment bezeichnet, wenn das reine Silber unter der letzten Bleioxidschicht ›hervorblinkt‹

S. 79 Goldschnitt Verzierung eines Buchschnitts mit Blattgold; hier wohl als Hinweis auf eine kosmetische Verschönerung (durch gefärbte Haare) der dem Alterungsprozess unvermeidlich ausgesetzten menschlichen Natur

S. 80 Divertissement (frz.) im 17. und 18. Jahrhundert eine Bezeichnung für eine eigenständige choreografische Einlage am Ende eines Schauspiels oder einer Oper; gewissermaßen ein Vorläufer des späteren Balletts

S. 81 Kastagnetten spanisches Rhythmusinstrument in Form zweier flacher halber Schalen, meist aus hartem Holz, die in der Handinnenseite des Musikers oder Tänzers liegen und beim Aneinanderschlagen ein lautes, klapperndes Geräusch machen

Waldnymphen weibliche Naturgeister und Beschützer des Waldes; in der griechischen Mythologie bekannt als ›Dryaden‹ und ›Meliaden‹ (Wald- bzw. Baumnymphen)

S. 83 Halsbinde Der Arzt, Naturforscher und Lexikograf Johann Georg Krünitz (1728–1796) erläutert in seiner »Oeconomischen Encyclopädie«, deren erster Band 1773 erschien, die Halsbinde sei eine aus Leinwand oder Nesseltuch gefertigte Binde, mit der Männer statt der sonst verwendeten Halskrausen oder Halstücher, besonders im Sommer, den Hals bekleiden würden.

und da die Moral unstreitig die erste Bürgerpflicht ist ironische Abwandlung der schnell zum geflügelten Wort gewordenen Mahnung »Ruhe ist die erste Bürgerpflicht«, die der Stadtkommandant von Berlin, Friedrich Wilhelm Graf von der Schulenburg, nach der verheerenden preußischen Niederlage gegen Napoleon in der Doppelschlacht von Jena und Auerstedt (14. Oktober 1806; siehe auch S. 132f.) am 18. Oktober 1806 an die Einwohner der Stadt richtete, als er sie über die militärische Katastrophe informierte

S. 84 Satyr männlicher Naturgeist der griechischen Mythologie im Gefolge des Dionysos; Mischwesen, das in der bildenden Kunst meist mit menschlichem Körper, spitzen Ohren, einem Schweif und tierischen Extremitäten (zum Beispiel Hufen) dargestellt ist

S. 90 Waldhorn Blechblasinstrument mit großem Schallstück, das sich im 18. Jahrhundert als Orchesterinstrument etablierte und zur Zeit der Romantik (vielleicht wegen seines sanften, sehnsuchtsvollen Klanges) außerordentliche Beliebtheit erlangte

ein reisender Engländer Anspielung auf das betont förmliche, gerne karikierte Erscheinungsbild ›typischer‹ englischer Bildungsreisender in jener Epoche

S. 91 Drei-Männer-Wein schlechter, unbekömmlicher Wein, der sprichwörtlich drei Männer erfordert: einen, der ihn einschenkt, einen, der ihn trinkt, und einen, der den Trinkenden festhält

der Kaiser in vollem Ornate der Kaiser in feierlicher Amtstracht; gemeint ist vermutlich der letzte Kaiser des Heiligen Römischen Reiches Deutscher Nation, der Habsburger Franz II. (1768–1835, deutscher Kaiser ab 1792), der 1806 – als Reaktion auf das Zerbrechen des Reiches im Zuge der Napoleonischen Kriege – die deutsche Kaiserkrone niederlegte und als Franz I. bis zu seinem Tode nur noch als Kaiser von Österreich – ein von ihm 1804 selbst geschaffener Titel – über das Stammland seiner Familie herrschte.

Reichsapfel »eine Kugel mit einem Kreuze darüber, [...] ein altes symbolisches Zeichen der höchsten unumschränkten kaiserlichen und königlichen Gewalt [...]. Das Wort Apfel bedeutet hier einen jeden runden Körper. Dieses Zeichen war in Gestalt einer Kugel schon bei den Persern üblich, wo es die Sonne bedeutete; in andern morgenländischen Reichen war es ein Sinnbild der Erde und der Herrschaft über dieselbe. Die griechischen Kaiser setzten aus Andacht ein Kreuz darauf« (Adelung, Grammatisch-kritisches Wörterbuch).

Kohlenbauern auch ›Kohlbauern‹ oder ›Kohlenführern‹; »Bauern, welche die gebrannten Kohlen auf besondern Kohlwagen oder

Kohlenwagen in die Städte und Schmelzhütten führen« (Adelung, Grammatisch-kritisches Wörterbuch)

odi profanum vulgus et arceo (lat.) Ich hasse den uneingeweihten Pöbel und meide ihn. (Horaz, Oden III, 1)

S. 92 Clericus clericum non decimat (lat.) Ein Geistlicher nimmt dem anderen Geistlichen nichts (kein Geld) ab.

Karlsbade Im 19. Jahrhundert war der – im westlichen Teil des heutigen Tschechien gelegene – böhmische Kurort Karlsbad ein Modeort, den zahlreiche Angehörige der europäischen Oberschichten in den warmen Monaten des Jahres aufsuchten. 1819 fand hier unter der Leitung des österreichischen Staatskanzlers Fürst Metternich die politische Konferenz statt, die die sogenannten Karlsbader Beschlüsse verabschiedete, welche den Mitgliedsstaaten des Deutschen Bundes die exekutiven Mittel an die Hand geben sollte, um alle Demokratiebestrebungen möglichst effektiv zu unterdrücken.

distinguendum est inter et inter … quod licet Jovi, non licet bovi! (lat.) Man muss einen Unterschied zwischen den Dingen machen. […] Was dem Jupiter erlaubt ist, ist nicht auch dem Ochsen erlaubt.

Kapuzinern Die Kapuziner sind ein im 16. Jahrhundert entstandener franziskanischer – also dem Vorbild Franz von Assisis (1181/82 bis 1226) folgender – Bettelorden. Der Name des Ordens leitet sich von der auffälligen Kapuze der Ordenstracht der Franziskaner her.

S. 104 Wir bringen … Seide. leicht abgewandelter Text der ersten Strophe und des Refrains des Liedes der Brautjungfern im vierten Auftritt des dritten Aufzugs von Carl Maria von Webers (1786–1826) sehr erfolgreicher ›romantischer Oper‹ »Der Freischütz«, die im Juni 1821 in Berlin uraufgeführt wurde. Das Lied der Brautjungfern (die Nr. 14 des Werkes) war schnell eines der populärsten Stücke dieser vom Publikum geliebten Oper. Die Verse von Strophe 1 und Refrain lauten im Original: »Wir winden dir den Jungfernkranz / Mit veilchenblauer Seide; / Wir führen dich zu Spiel und Tanz, / Zu Glück und Lebensfreude! // Schöner grüner, schöner grüner Jungfernkranz! / Veilchenblaue Seide! Veilchenblaue Seide!«

S. 105 Bastionen von Rang und Stand Bastionen sind eigentlich Festungen, militärische Bollwerke; hier sind im übertragenen Sinne die gesellschaftlichen Konventionen gemeint, die eine Heirat zwischen Personen unterschiedlicher Klassen bzw. Stände erschwerten.

Arkadien Das Berg- und Hochland Arkadien liegt auf der griechischen Halbinsel Peloponnes, gilt aber seit der Antike auch als Inbegriff einer idyllisch-paradiesischen Landschaft.

Illustration von Adolph Schrödter (1805–1875) in der 1842, noch zu Lebzeiten Eichendorffs, erschienenen Ausgabe der Novelle »Aus dem Leben eines Taugenichts«, mit der der große Erfolg dieses Werkes einsetzte

Illustration von Philipp Grotjohann (1841–1892) in einer 1886 erschienenen Ausgabe von Joseph von Eichendorffs Novelle »Aus dem Leben eines Taugenichts«

Leben und Werk im Überblick

Schloss Lubowitz bei Ratibor in Oberschlesien, 1788–1801

Joseph Karl Benedikt Freiherr von Eichendorff kommt am 10. März 1788 auf Schloss Lubowitz in Oberschlesien, das damals zu Preußen gehörte und heute in Polen liegt, zur Welt. Er entstammt einer alten Adelsfamilie, die sich bis ins 13. Jahrhundert zurückverfolgen lässt. Seit dem 17. Jahrhundert ist ein Zweig der Familie in Schlesien zu Hause. *Adolf* Theodor Rudolf von Eichendorff (1756–1818), der Vater des Dichters, dient als Offizier in der preußischen Armee, nimmt dann seinen Abschied und verlegt sich darauf, durch den Ankauf und Verkauf von Rittergütern den Wohlstand der Familie zu vermehren. Das misslingt. Die nur mit geringem Eigenkapital erworbenen Landgüter werfen, da sich Adolf von Eichendorff wenig für deren Bewirtschaftung interessiert, keine ausreichenden Gewinne ab, um die Zinsen zu bezahlen oder gar die Schulden zu tilgen. Versuche, teuer erworbene Landgüter zu einem höheren Preis weiterzuverkaufen, scheitern ebenso. Im Sommer 1801 steht der Vater vor einem finanziellen Scherbenhaufen. Joseph von Eichendorff, der 1800, mit zwölf Jahren, ein Tagebuch zu führen beginnt (eine Gewohnheit, an der er bis 1812, bis zum Abschluss des Jurastudiums in Wien, festhält), notiert im Juni 1801: »Der Papa nach Breslau gefahren. / Die Mama schrecklich ohnmächtig worden den – – 24ten«. Der Vater war nach Breslau gereist, um die drohende Zwangsverwaltung der überschuldeten Güter abzuwenden. Am 16. Juni musste er jedoch die Vergeblichkeit seiner Bemühungen einräumen. In einem hilflosen Versuch, sich zu rechtfertigen, schrieb er an seine Frau: »Ohngeachtet der Anschein wider mich ist, so bin ich doch ganz außer Schuld, denn es waren so verwickelte Umstände, dass ich nicht anders handeln konnte. Gott ist mein Zeuge. Ich habe Euch alle zu reichen Leuten machen wollen, derweilen hat uns Gott gestraft. [...] Ich habe niemandem was getan, nur bezahlen kann ich nicht.«

Trotz dieser finanziellen Misere, die den Kindern allerdings lange Zeit verborgen bleibt, verlebt Joseph von Eichendorff mit seinem anderthalb Jahre älteren Bruder Wilhelm (1786–1849) auf Schloss Lubowitz eine idyllische Kindheit, auf die er im späteren Leben immer mit Wehmut als auf ein verlorenes Paradies zurückblicken wird. Die abgeschiedene Provinzialität der Lebensweise und die geselligen Vergnügungen des schlesischen Adels charakterisiert er dabei mit ebenso viel Sympathie wie Ironie. Er beschwört metaphorisch die Gewitterluft, die zur gleichen Zeit in Europa aufzog (ein Jahr nach seiner Geburt brach die Französische Revolution aus), betont aber, dass die Existenz der Seinen und ihrer Nachbarn hiervon vorläufig gänzlich unberührt geblieben sei.

Das Gut Lubowitz ist bei Eichendorffs Geburt noch nicht lange im Besitz der Familie. Sein Vater hat es im Sommer 1785 seiner Schwiegermutter, deren Familie es auch erst seit 20 Jahren besaß, für einen hohen Preis abgekauft. Bereits 1783 hat Adolf von Eichendorff zudem das Gut Radoschau bei Kosel von seinem künftigen Schwiegervater, dem königlich-preußischen Major Karl Wenzel vom Kloch, erworben, und dann Ende November 1784 die damals achtzehnjährige Karoline Freifrau vom Kloch (1766–1822) geheiratet. Im selben Jahr schied er im Alter von 28 Jahren aus der Armee aus. Das als Schloss bezeichnete Herrenhaus ließ er 1785 und 1786 auf aufwendige Weise weiter ausbauen. Hier kommen in den folgenden Jahren sieben Kinder zur Welt, von denen vier im Kleinkindalter sterben. Neben Wilhelm und Joseph erreicht nur die 1804 geborene Schwester Louise das Erwachsenenalter. Sie lebt bis 1883.

Eichendorffs Familie ist streng katholisch und für Joseph von Eichendorff bleibt der katholische Glauben sein Leben lang ein wichtiges, auch innerlich stabilisierendes Element seiner geistigen Existenz. Bis in sein dreizehntes Lebensjahr werden er und sein Bruder von einem Hauslehrer, dem Theologen Bernhard Heinke (1769–1840), unterrichtet, der auch zu einer wichtigen Bezugsperson wird. Mit zehn Jahren beginnt Eichendorff, erste kleine Abhandlungen und dramatische Entwürfe zu verfassen. Auch liest er viel, wobei er auf die Bestände der Leihbücherei im nahe gelegenen Ratibor zurückgreift.

Breslau, 1801–1805

Im **Oktober 1801**, wenige Monate nachdem der Vater gegenüber seiner Frau das grandiose Scheitern seiner finanziellen Spekulationen hat einräumen müssen, werden Wilhelm und Joseph zur weiteren schulischen Ausbildung nach Breslau geschickt, wo sie das Katholisch Königliche Gymnasium besuchen und, betreut von dem Diener Jakob Schopp, direkt nebenan im St.-Josephs-Konvikt, einem katholischen Internat, wohnen. Neben den obligatorischen humanistischen Studien (Latein, Altgriechisch und dem damit verbundenen Bildungshorizont), die breiten Raum einnehmen, stehen auch lebende Sprachen wie Polnisch und Französisch und Naturwissenschaften wie Höhere Mathematik und Physik auf dem Stundenplan. Das schulische Klima ist liberal und Eichendorff ist ein williger und guter Schüler.

Daneben entwickelt er eine Leidenschaft fürs Theater: So wirkt er bei schulischen Theateraufführungen mit und verpasst kaum eine der zahlreichen professionellen Theater- und Opernaufführungen, die in Breslau geboten werden. Er nimmt privaten Zeichenunterricht und verfasst von **1802** an regelmäßig Gedichte. Ende **Mai 1803** erscheint in den »Schlesischen Provinzialblättern« eine erste Veröffentlichung, das von Joseph und Wilhelm gemeinsam verfasste Gedicht »Am frühen Grabe unseres Bruders Gustav«. Im **August 1803** besteht Joseph das Abschlussexamen. Ab Herbst nehmen die Brüder als Gasthörer an Lehrveranstaltungen der Breslauer Universität und des evangelischen Magdalenen-Gymnasiums teil. Im **August 1804** legt Eichendorff die Prüfung in den philosophischen Fächern (das Bakkalaureat) ab. Er verliebt sich in ein Mädchen und verlegt sich vorübergehend aufs Schreiben von Liebesgedichten. **Anfang 1805** kommt die Mutter nach Breslau, um nach ihren Söhnen zu sehen. Begleitet wird sie von Aloysia (Luise) von Larisch (1792–1855), der Tochter einer benachbarten Adelsfamilie, die später Eichendorffs Frau wird.

Halle, 1805–1806

Im **April 1805** gehen die Brüder Eichendorff nach Halle, um an der dortigen Universität, der damals wichtigsten in Preußen, Jura zu studieren. Sie hören auch Vorlesungen bei dem aus Norwegen stammenden Naturphilosophen Henrik Steffens (1773–1845) und dem evangelischen Theologen Friedrich Schleiermacher (1768–1834), die seit dem Wintersemester 1804/05 in Halle lehren und der Universität frischen Glanz verleihen. Beide sind in enger Berührung mit der Ideenwelt der Frühromantik. Schleiermacher hat in Berlin zeitweise mit Friedrich Schlegel (1772–1829) zusammengewohnt; Steffens ist der Schwiegersohn des mit seiner Familie in Giebichenstein bei Halle wohnenden Komponisten und ehemaligen königlich-preußischen Hofkapellmeisters Johann Friedrich Reichardt (1752–1814), der wiederum mit Ludwig Tieck (1773–1853) verschwägert ist. Im **August 1805** liest Eichendorff Tiecks Roman »Franz Sternbalds Wanderungen« (1798) und ist von diesem Schlüsseltext der Frühromantik tief beeindruckt.

Die Brüder besuchen Theatervorstellungen im nahe gelegenen Lauchstädt, wo das von Goethe geleitete Weimarer Hoftheater regelmäßig im Sommer gastiert, und erleben dort auch den berühmten Dichter. Sie durchwandern im **September** den Harz und reisen von dort weiter nach Hamburg und bis nach Travemünde, wo Eichendorff erstmals das Meer erblickt – auch dies ein unauslöschlicher Eindruck.

Das **Studienjahr 1805/06** absolvieren die Brüder ebenfalls in Halle und fahren anschließend im August nach Hause, um die Semesterferien bei den Eltern zu verbringen. Dort erfahren sie, dass Preußen, das sich zuvor zehn Jahre lang aus den kriegerischen Auseinandersetzungen zwischen dem revolutionären Frankreich (bzw. ab 1799 dem Frankreich Napoleons) und den alten Mächten Österreich und Russland (unterstützt durch England) herausgehalten und dabei bei der unablässigen Neuordnung der politischen Landkarte Deutschlands wiederholt erheblich profitiert hat, nun, nachdem es von Napoleon immer öfter provoziert und mit Geringschätzung behandelt worden ist, überstürzt und militärisch ganz unvorbereitet in einen Krieg mit Frankreich gestürzt und dabei schon nach wenigen Tagen, am 14. Oktober, in einer großen Doppelschlacht bei Jena und Auerstedt eine desaströse Niederlage erlitten hat. Damit ist der Krieg bereits entschieden, auch wenn er sich noch ein Dreivierteljahr weiter hinschleppt, bis Preußen im Friedensvertrag von Tilsit (9. Juli 1807) den französischen Sieg anerkennen und so weitgehende Gebietsverluste hinnehmen muss, dass es von einer europäischen Großmacht zu einer überdies wirtschaftlich schwer angeschlagenen und politisch bis auf Weiteres nur noch eingeschränkt unabhängigen und handlungsfähigen Mittelmacht herabsinkt. Noch im **Oktober 1806** wird auch Halle von den Franzosen eingenommen und Napoleon verfügt die Auflösung der Universität, da er unter deren Studenten aufrührerische, den neuen Herren feindliche Elemente vermutet.

Lubowitz und Heidelberg, 1806–1808

Die Brüder Eichendorff bleiben in dieser politisch unsicheren Lage den Winter über bei den Eltern und verleben in der heimatlichen Sphäre eine vergleichsweise unbeschwerte, durch eine gemeinsame Schwärmerei für Benigna Sophie Amalie Hahmann, die damals 32-jährige Frau eines mit der Familie befreundeten Justiziars (Rechtsberaters) in Ratibor, melancholisch versüßte Zeit. Zum **Sommersemester 1807** gehen sie dann nach Heidelberg, um dort ihr Jurastudium fortzusetzen. Das romantische Flair der Stadt mit ihrer malerischen Burgruine und der die Stadt umgebenden Landschaft begeistert sie. Wichtiger noch aber werden persönliche Begegnungen, vor allem die mit dem Zeitschriftenherausgeber, Naturphilosophen, katholischen Publizisten und politischen Aktivisten Joseph Görres (1776–1848), der hier seit einem Jahr als Privatdozent an der Universität Vorlesungen über Ästhetik und Philosophie hält und seinem begeisterten Zuhörer Eichendorff einen Begriff von romantischer Kunst vermittelt, an dem dieser bis zuletzt festhalten wird. Nach der Überzeugung von Görres muss ein Kunstwerk »mit wenigen Zügen die Ahndung einer fernen Verborgenheit in unserer Seele wecken, hinter dem Ausgesprochenen muss ein Unaussprechliches wie ein zarter Nachklang schweben«. Romantische Kunst erwecke »das tiefe unerklärliche Sehnen, das uns weit und immer weiter in die Ferne zieht«. Diese Definition von Kunst als vielschichtig das Gemüt bewegender Ausdruck der Sehnsucht nach einer verlorenen harmonischen Existenz kam Eichendorffs innerem Erleben aufgrund seiner eigenen Lebenserfahrungen sehr entgegen und sprach ihn deshalb so stark an.

Görres berichtet seinen Zuhörern auch von seiner Zusammenarbeit mit Achim von Arnim (1781–1831) und Clemens Brentano (1778 bis 1842), die in eben diesen Jahren Heidelberg zu ihrem Lebensmittelpunkt erwählt haben und dort zwischen 1805 und 1808 in drei Bänden unter dem Titel »Des Knaben Wunderhorn« eine Sammlung von Volksliedern herausbringen, die sie sprachlich bearbeitet haben und die in dieser Verbindung von volkstümlicher Schlichtheit und künstlerischem Raffinement auf die romantische Generation und darüber hinaus durch das ganze 19. Jahrhundert auf Künstler und Kunstliebhaber großen Einfluss ausüben wird und auch Eichendorff tief ergreift. Nach Arnim und Brentano und ihren »Wunderhorn«-Liedern wird die mittlere Phase der Romantik häufig auch als »Heidelberger Romantik« bezeichnet. Eichendorff erlebt die zweite Hälfte dieser Phase vor Ort mit, auch wenn er damals noch keinen nennenswerten Beitrag zu ihr zu leisten vermag und auch mit Arnim und Brentano, die ständig unterwegs sind, vorläufig noch nicht persönlich bekannt wird. Dagegen werden die Brüder in einen Kreis von romantisch gesinnten Dilettanten aufgenommen, der sich um den aus wohlhabendem Dresdner Hause stammenden ehemaligen Jurastudenten Otto Heinrich Graf von Loeben (1786–1825) gebildet hat. Doch steht das künstlerische Gehabe in dieser dem Ideal der mittelalterlichen Kreuzritter und fahrenden Sänger nacheifernden Gruppierung im Vordergrund – Loeben hat sich den geheimnisvoll-priesterhaften Künstlernamen »Isidorus orientalis« zugelegt, Eichendorff erhält in diesem Zirkel den Künstlernamen»Florens«; das poetische Talent reicht hingegen nicht aus, um etwas Bleibendes hervorzubringen. Eichendorff erkennt das nicht sofort, aber mit der Zeit, und distanziert sich dann zunehmend von Loeben und dessen Kunstbestrebungen, auch wenn er noch einige Jahre mit ihm in Kontakt bleibt.

Lubowitz, Berlin, Lubowitz, Wien, 1808–1813

Im **April 1808** reisen Joseph und Wilhelm von Eichendorff nach Paris, um dort für Görres in den Bibliotheken nach Manuskripten zu dem aus karolingischer Zeit stammenden Sagenkreis der Haimonskinder zu recherchieren. Im **Mai** folgt zusammen mit Loeben eine Reise von Heidelberg nach Wien. Nach den Stationen Frankfurt, Würzburg und Nürnberg besteigen sie in Regensburg ein Postschiff. Diese Donaureise hat Eichendorff später mehrfach literarisch verwertet. Im **Sommer** sind die Brüder zurück in Lubowitz, wo sie dem Vater bei der Verwaltung der hochverschuldeten Güter helfen. Die finanzielle Lage der Familie bleibt dauerhaft problematisch, auch wenn ein Teil der Besitzungen, darunter auch Lubowitz, noch jahrelang gehalten werden kann. Ermöglicht wird dies nicht zuletzt durch einen Erlass der preußischen Regierung, die nach der Niederlage gegen Napoleon und der dadurch ausgelösten Wirtschaftskrise verschuldete Gutsbesitzer für die Dauer von zehn Jahren vor einer Zwangsversteigerung schützte.

Im **Frühjahr 1809** verlobt sich Eichendorff mit Luise von Larisch. Die Eltern stehen dieser Verbindung anfangs ablehnend gegenüber, da sie gehofft hatten, ihr jüngerer Sohn werde eine reiche Heirat machen. Den **Winter 1809 auf 1810** verbringen die Brüder in Berlin, wo sich zu dieser Zeit auch Arnim und Brentano aufhalten. Eichendorff lernt beide kennen und schließt Freundschaft mit Brentano. Überdies verkehren die Brüder viel im Hause von Adam Müller (1779–1829), der im Jahr zuvor mit Heinrich von Kleist (1777–1811) in Dresden die Kunstzeitschrift »Phöbus« herausgegeben hat und nun, frisch verheiratet, in Berlin lebt, wo er, wie schon bei seinen vorherigen Aufenthalten, historisch-politische Vorlesungen hält. Auch er fühlt sich der Romantik zugehörig und führt vor, wie romantische Ideen politisches Denken befruchten können.

Zurück in Lubowitz, verfasst Eichendorff einige seiner später bekanntesten Gedichte und beginnt möglicherweise auch schon an seinem ersten Roman zu arbeiten. Die Geldschwierigkeiten des Vaters spitzen sich **im Laufe des Jahres 1810** immer weiter zu, sodass die Brüder genötigt sind, ihre juristischen Studien wiederaufzunehmen und einen regulären Studienabschluss anzustreben (was damals unter wohlhabenden Adelssöhnen noch eher unüblich war), um anschließend als Verwaltungsbeamte in den Staatsdienst eintreten zu können. Zu diesem Zweck gehen sie **im November** nach Wien.

In Wien verbringt Eichendorff anderthalb glückliche Jahre. Er macht die Bekanntschaft von Friedrich Schlegel und seiner Frau Dorothea, die seit Kurzem in Wien leben, und freundet sich mit Dorotheas Sohn aus ihrer ersten Ehe mit dem Berliner Bankier Simon Veit an, dem angehenden Maler Philipp Veit (1793–1877). (Dorothea Schlegel ist eine Tochter des Berliner Philosophen und Wegbereiters der jüdischen Aufklärung – der sogenannten Haskala – Moses Mendelssohn, der ein enger Freund Lessings war und zu dessen Enkeln der 1809 geborene Komponist Felix Mendelssohn Bartholdy zählte.)

Mit großem Vergnügen besucht Eichendorff die Vorstellungen der Wiener Volkstheater und unterhält eine Liebelei mit einer anmutigen Choristin. Die ohnehin auf den Austausch von Briefen beschränkte Beziehung zu der Verlobten in der Heimat gerät dabei etwas in den Hintergrund, sehr zum Missfallen von deren Familie. Viel Zeit verwendet Eichendorff auch auf seinen Roman, den er wohl während des Ferienaufenthalts in der Heimat im **Sommer 1812** zum Abschluss bringt. Wieder in Wien, bittet er Dorothea Schlegel um Durchsicht des Textes, die das Werk des jungen Autors korrigiert und auch den Titel »Ahnung und Gegenwart« beisteuert. Einen Verleger findet Eichendorff aber auch mit Hilfe der Schlegels nicht.

Das liegt auch daran, dass sich Deutschland nun wieder in einen Kriegsschauplatz verwandelt, was alles andere in den Hintergrund drängt und auch das Kulturleben für eine längere Zeit nahezu zum Stillstand bringt. Im **Herbst und Winter 1812** vollzieht sich in Russland der Zusammenbruch der von Napoleon gegen das Zarenreich geführten »Grande Armee«. Im **März 1813**, als die Reste der vom russischen Winter vernichteten Streitmacht nach Deutschland zurückfluten, streift der immer zögerliche preußische König Friedrich Wilhelm III. (1770–1840) nach beharrlichem Drängen seiner politischen Berater die ihm nach der Niederlage von 1806/07 aufgezwungene Rolle eines widerwilligen Verbündeten Napoleons ab und richtet von Breslau aus seinen Aufruf »An mein Volk«, der das Startsignal zu den sogenannten Befreiungskriegen gegen die Vorherrschaft Frankreichs über Mitteleuropa bildet. Auch Eichendorff lässt sich, anders als sein Bruder, von der vaterländischen Begeisterung mitreißen. Er hat **Anfang April** gerade noch Zeit, seine letzten juristischen Examina abzulegen. Dann eilt er zusammen mit Philipp Veit in die Heimat, um sich in Breslau dem eben neu gebildeten Lützow'schen Freikorps anzuschließen.

Befreiungskriege, 1813–1816

Eichendorffs Teilnahme an den Befreiungskriegen verläuft enttäuschend. Das 3. Bataillon des Freikorps, dem er zugeteilt worden ist, marschiert im Spreewald östlich von Berlin im Rücken der Franzosen nach Eichendorffs eigenem Bericht wochenlang »von allen befreundeten Truppen, selbst von dem größten Teile unseres Korps getrennt und verlassen, ohne Geld, Reiterei und Kanonen, [...] bei Tag und Nacht in Wäldern und Sümpfen umher, mit Hunger und unbeschreiblichem Elend unaufhörlich kämpfend« – aber eben nicht mit dem militärischen Gegner, denn zu einem direkten Feindkontakt kommt es nie. Das bleibt während der gesamten Soldatenzeit Eichendorffs so und hat vielleicht auch sein Gutes. Jedenfalls lautet ein undatierter Eintrag in den Kriegsaufzeichnungen des ehemaligen Tiroler Freiheitskämpfers und Kommandanten der Tiroler Jägerkompanie, die dem Lützow'schen Freikorps wenig später eingegliedert wurde,

Jakob Riedl (1791–1840): »Heute lernte ich den Lützower Jäger Freiherrn von Eichendorff kennen – ein lieber Kamerad, der aber nach seiner träumerischen, sanften Art für das raue Kriegshandwerk nicht geschaffen scheint.«

Als im **Juli** immer deutlicher wird, dass die preußische Militärführung bemüht ist, die Lützower, denen man keine entscheidenden Waffentaten zutraut, aus dem Kriegsgeschehen so gut wie möglich herauszuhalten, quittiert Eichendorff den Dienst und reist nach Prag, um in der österreichischen Armee Aufnahme zu finden und dort vielleicht eine Offiziersstelle zu erhalten. Aber auch damit hat er keinen Erfolg. Im **September** schließlich findet er in Glatz (etwa 80 Kilometer südlich von Breslau) einen Platz als Leutnant in einem schlesischen Landwehrregiment, das aber auch in keine Gefechte verwickelt wird. An diese Episode schließt sich von **Januar bis Mai 1814** ereignisloser Garnisonsdienst im sächsischen Torgau an, wo in den Kasernen grassierende Krankheiten und Seuchen die größte Bedrohung darstellen und Eichendorff vor Missmut sogar die Lust am Dichten vergeht. Am **12. April** dankt Napoleon ab und der Krieg ist vorbei. Eichendorff bittet seinen Bruder, der soeben in Innsbruck eine Beamtenstelle im österreichischen Staatsdienst angetreten hat, ihm zu einem vergleichbaren Posten zu verhelfen, was aber nicht in Wilhelms Macht liegt. Den Rest des Jahres verbringt Eichendorff in Lubowitz. Eine Erbschaft, die die beiden Brüder im Frühjahr machen, verhilft ihnen vorübergehend zu einer gewissen finanziellen Freiheit.

Im **Winter 1814 auf 1815** lotet Eichendorff in Berlin seine Chancen auf eine Anstellung im preußischen Staatsdienst aus, wobei er sich auf seine Teilnahme an dem vaterländischen Krieg gegen die Franzosen beruft. Tatsächlich erhält er auf Fürsprache des Ersten Generalquartiermeisters von Blüchers Armee, Generalmajor August Neidhart von Gneisenau (1760–1831), im **März** eine provisorische Anstellung im Berliner Kriegsministerium. Daraufhin heiratet er am **7. April** nach fünfjähriger Verlobungszeit Luise von Larisch, die zu diesem Zeitpunkt ein Kind von ihm erwartet.

In diesen Wochen erscheint auch der Roman »Ahnung und Gegenwart«, der allerdings, wie Eichendorff selbst zum Ausdruck bringt, eine Welt schildert, die nun bereits der Vergangenheit angehört. Eichendorff begreift diese Konstellation mehr und mehr als sein persönliches Schicksal: immer zu spät zu kommen (vgl. auch Seite 24, Zeilen 23–25), sich innerlich an Lebensformen und historische Zustände gebunden zu fühlen, die unwiederbringlich verloren sind, und diesen Verlust in sehnsuchtsvollen Versen und Erzählungen eindringlich zu gestalten. Damit verknüpft sich auch die Hoffnung, angesichts des modernen, als allzu nüchtern zweckmäßig und auf Gelderwerb abgestellt empfundenen Lebens eine Perspektive auf eine harmonischere, unbeschwerte und poetische Existenzweise zu bewahren.

Auch Eichendorffs eigenes Leben ist allerdings, ob er es nun will oder nicht, von den ihm so unerfreulichen nüchternen Zwängen bestimmt; und so leistet er sich, als Napoleon im **Frühjahr 1815** aus seinem Exil in Elba entweicht, im Triumph nach Paris marschiert und noch ein letztes Mal die seit dem vergangenen Herbst in Wien zur Festlegung der europäischen Nachkriegsordnung versammelten Oberhäupter der europäischen Staaten herausfordert, gleich nach seiner Heirat noch einmal eine romantische und patriotische Eskapade, wie er es selbst empfindet, indem er sich ungeachtet aller Enttäuschungen, die sein bisheriges Soldatenleben mit sich gebracht hat, wieder zu den Fahnen meldet und seine schwangere Frau in Berlin zurücklässt, um sich in Lüttich der preußischen Armee anzuschließen. Aber auch bei diesem Feldzug bleibt er auf die Rolle des Zaungastes beschränkt, auch wenn er im Spätsommer am Einmarsch in Paris teilnimmt und dort bis Ende des Jahres stationiert bleibt. Die Geburt seines ersten Sohnes Hermann am **30. August** verpasst er.

Breslau, 1816–1820

Im **Januar 1816** nimmt Eichendorff seinen endgültigen Abschied von der Armee und reist von Berlin aus mit Frau und Kind nach Schlesien weiter auf das Gut der Schwiegereltern. Er wendet sich an Johann

Albrecht Friedrich Eichhorn (1779–1850), den späteren preußischen Kultusminister (von 1840 bis 1848), der im Stab des Generalfeldmarschalls Blücher den letzten Krieg mitgemacht und den er in Paris kennengelernt hat, und bittet ihn, ihm zu einer von Anfang an besoldeten Stelle zu verhelfen, da er verheiratet und Vater sei und sein Vermögen nicht ausreiche, um mit seiner »Familie noch längere Zeit auf eigene Kosten« zu leben »und vielleicht jahrelang ohne Gehalt zu arbeiten«, wie es der juristische Vorbereitungsdienst, der einer Laufbahn als preußischer Verwaltungsjurist vorausging, zwingend vorsah. Eichhorn kann ihm jedoch diese Bitte nicht erfüllen und so fügt sich Eichendorff ins Unvermeidliche, zieht mit der Familie nach Breslau und bewirbt sich dort um eine Anstellung als Rechtsreferendar. Diese Bewerbung hat Erfolg. Begeisterung löst das allerdings nicht in ihm aus, wie ein Brief zeigt, den er am **18. Juli** an den Freund Carl Schaeffer (der 1814, während der Befreiungskriege, ein Brustbild in Uniform von Eichendorff angefertigt hat) richtet: »Ich glaube im Grunde, ich habe einen dummen Streich gemacht, der leicht mit meinem Durchfallen in der nicht leichten Prüfung garstig enden kann. Denn ich habe wenig Zeit, wenig Lust, wenig Kenntnisse, wenig Geld, wenig Protektion [Fürsprecher in einflussreichen Positionen], wenig connaissances [Fachkenntnisse, aber auch nützliche Verbindungen], liaisons [Beziehungen], savoir vivre [Lebensart, gewandtes Auftreten] und andern solchen Teufelsdreck, und wenn mich meine brave Frau nicht noch stark, frisch und frei erhielt, wär' ich längst schon fortgelaufen.« Jedoch besteht er im Dezember die Referendarprüfung. Er legt seinen Diensteid auf König Friedrich Wilhelm III. ab und tritt anschließend – mit nunmehr bald 29 Jahren – das Referendariat an. Bis Herbst 1819 wird er ohne Gehalt bleiben.

Im **März 1817** beendet Eichendorff die in Italien spielende Märchennovelle »Das Marmorbild«, die im Herbst des Folgejahrs in dem von Friedrich de la Motte Fouqué (1777–1843, vgl. auch S. 122f.) herausgegebenen »Frauentaschenbuch für das Jahr 1819« erscheint, und beginnt, den »Taugenichts« zu schreiben. Am **9. Mai** bringt seine

Frau die erste Tochter, Therese (gestorben 1884), zur Welt. Bewerbungen um eine Lehrtätigkeit im Fach Geschichte an einer Universität der preußischen Rheinprovinzen sowie um die Stelle des Landrats im schlesischen Rybnik bleiben ohne Erfolg. Am **27. April 1818** stirbt der Vater. Ein Jahr später wird das Verfahren zur Liquidation des Familienvermögens, also zum Verkauf aller verbliebenen Werte und zur Einigung mit den Gläubigern, eröffnet. Es endet vier Jahre später mit der Zwangsversteigerung von Lubowitz. Kurz vor Beginn des Liquidationsverfahrens wird am **19. April 1819** das dritte Kind der Familie geboren, der Sohn Rudolf (gestorben 1891). Im **Oktober** besteht Eichendorff die Assessorprüfung und bezieht von nun an ein Gehalt. Eine Bewerbung als Landrat im oberschlesischen Pless scheitert. Stattdessen erhält Eichendoff **Mitte 1820** eine Stelle in Danzig, wo er für schulische Angelegenheiten und die Belange der katholischen Bevölkerungsminderheit und Geistlichkeit zuständig wird.

Danzig, Berlin und Königsberg, 1821–1831

Anfang 1821 tritt Eichendorff die Stelle in Danzig an, wohin er mit seiner Familie umzieht. Kurz zuvor kommt am **6. Januar** die zweite Tochter *Agnes* Clara Augusta zur Welt, die bereits am 5. April des Folgejahrs stirbt. Zehn Tage später stirbt auch Eichendorffs Mutter.

In seinem Vorgesetzten in Danzig, dem Oberpräsidenten von Westpreußen Theodor von Schön (1773–1856), findet Eichendorff einen Förderer, der ihm auch persönlich freundschaftlich zugetan ist. Im **September 1821** erfolgt seine Ernennung zum Regierungsrat. Als Theodor von Schön **1824** zusätzlich zu seinem bisherigen Amt auch Oberpräsident von Ostpreußen wird, nimmt er Eichendorff – nach einer Beförderung zum Oberpräsidialrat – an seinen neuen Amtssitz Königsberg mit.

Eichendorff wird weder in Danzig noch in Königsberg wirklich heimisch. Er hält Kontakt nach Berlin, wo er **die letzten vier Monate des Jahres 1823** aushilfsweise im Kultusministerium tätig ist. Dort hat er näheren Umgang mit dem an der dortigen Universität lehrenden Historiker Friedrich von Raumer (1781–1873), dem Juristen und Verleger Julius Eduard Hitzig (1780–1849), der eben die Biografie seines im Vorjahr gestorbenen Freundes E. T. A. Hoffmann geschrieben hat, und dem Autor und Naturforscher Adalbert von Chamisso (1781–1831). Als Hitzig 1824 die literarische Runde »Freunde der Poesie« ins Leben ruft, die sich später in »Mittwochsgesellschaft« umbenennt, tritt Eichendorff sofort als auswärtiges Mitglied bei.

1826 erscheint zur Ostermesse ein Sammelband mit den Novellen »Das Marmorbild« und »Aus dem Leben eines Taugenichts« sowie einer Auswahl von 48 Gedichten. Mit dem »Taugenichts« wendet sich Eichendorff bewusst gegen das Ideal der »Nützlichkeit«, das er als den fatalen Abgott seiner Mitwelt betrachtet; dies aber – wie der Eichendorffexperte Wolfdietrich Rasch (1903–1986) es formuliert hat – ohne Polemik, vielmehr »im Gleichgewicht von gutherzig lächelnder Ironie und fröhlichem Übermut. Das freie, unbesorgte, um Sicherheit und Zielstrebigkeit unbekümmerte Leben, das der Philister [der Spießbürger] verlernt hatte und das dem Adel verloren zu gehen begann, der geigenspielende, vagabundierende Müllerssohn kann es noch führen. Er ist ein Träumer, ohne Blick für die Wirklichkeit, doch auch ohne Angst vor ihr, und er verachtet sie nicht, wie die eigentlichen Romantiker. Darum narrt ihn zwar diese Wirklichkeit, aber sie kommt ihm zuletzt doch entgegen, sie fügt sich seinen Wünschen«, sodass es am Ende heißen kann: »Und es war alles, alles gut.« (Nachwort zu: Joseph von Eichendorff: Werke in einem Band. Herausgegeben von Wolfdietrich Rasch. 3. Auflage. München und Wien: Carl Hanser Verlag 1984, S. 1024) Das Echo der zeitgenössischen Kritik war geteilt, aber im Laufe des 19. Jahrhunderts gewann die Erzählung immer mehr begeisterte Leser und der eigentlich nicht für übertrieben schwärmerische Urteile bekannte Theodor Fontane (1819–1898) bezeichnete sie gar als »nicht mehr und nicht weniger als eine Verkörperung des deutschen Gemüts«. Für Hermann Hesse (1877–1962) war sie »eine von den paar kleinen Vollkommenheiten der Weltliteratur«.

Sieht man einmal von der Fertigstellung des »Taugenichts« (noch in der Danziger Zeit) ab, so steht Eichendorffs literarische Produktion in den **1820er-Jahren** im Zeichen der Dramatik. Mit seinen Theaterstücken hat er jedoch keinen Erfolg. Weder das satirische Märchenspiel »Krieg den Philistern« (1822), das dem Vorbild von Ludwig Tiecks früher Dramatik folgt, noch die Tragödie »Meierbeths Glück und Ende« (1827), das Lustspiel »Die Freier« (1829) und die Geschichtsdramen »Ezelin von Romano« (1828) und »Der letzte Held von Marienburg« (1829) finden Anklang beziehungsweise überhaupt ein Publikum. Theodor von Schön sorgt zumindest dafür, dass »Der letzte Held von Marienburg« 1830 in Königsberg gedruckt und Anfang 1832 auch aufgeführt wird. Das von seinem Untergebenen in dem Trauerspiel behandelte Thema liegt ihm auch persönlich am Herzen: Die in der Nähe Danzigs gelegene, im 13. Jahrhundert erbaute Ordensburg des Deutschritterordens, die heute zum UNESCO-Weltkulturerbe zählt, war Anfang des 19. Jahrhunderts vom Verfall bedroht und ist in den 1820er-Jahren auf Initiative und unter Aufsicht von Theodor von Schön gründlich restauriert worden, dem der preußische König anschließend zum Ausdruck seines Dankes den Ehrentitel »Burggraf von Marienburg« verliehen hat.

Am **20. Oktober 1830** kommt das fünfte Kind zur Welt, die dritte Tochter Anna Hedwig, die aber wie die zweite Tochter Agnes das Kleinkindalter nicht übersteht. Sie stirbt am **24. März 1832** in Berlin, wo die Familie seit 1831 wohnt. Eichendorff verarbeitet seine Trauer mit dem Gedichtzyklus »Auf meines Kindes Tod«.

Berlin, Danzig und Wien, 1831–1847

Seit 1828 hat sich Eichendorff verstärkt um eine Versetzung nach Berlin bemüht. **1831** erfüllt Theodor von Schön seinen Wunsch, indem er ihn bei voller Bezahlung auf unbestimmte Zeit beurlaubt, woraufhin Eichendorff nach Berlin geht und dort ab August ohne feste Anstellung von verschiedenen Ministerien mit Aufträgen bedacht wird. **Ab November bis etwa März 1832** arbeitet er an einem Entwurf für ein weniger restriktives Presse- und Zensurgesetz, der aber vom König als zu liberal abgelehnt wird. Im **April** erscheint seine satirische Erzählung »Viel Lärmen um nichts«. Eichendorffs berufliche Situation in Berlin bleibt auch in den folgenden Jahren unsicher und provisorisch. Verschiedene Bewerbungen auf feste Stellen scheitern, oft offenbar auch wegen zu hoher Gehaltsvorstellungen. So wird er, inzwischen ein festes Mitglied der »Mittwochsgesellschaft«, verstärkt wieder schriftstellerisch tätig. Im **Herbst 1834** erscheint sein zweiter, locker gefügter Roman »Dichter und ihre Gesellen«, der an einer Reihe von Figuren vorführt, wie literarische Laufbahnen durch eigene und fremde Schuld misslingen. Zwei Jahre später veröffentlicht Eichendorff die Erzählung »Das Schloss Dürande«, die vor dem Hintergrund der aufziehenden Französischen Revolution vom Scheitern der Liebe zwischen einem jungen Grafen und einem Mädchen aus dem Volk handelt. Eichendorff beginnt sich intensiver mit der spanischen Sprache und Literatur zu befassen. **Anfang 1837** erscheint ein Band »Gedichte von Joseph von Eichendorff«, in dem seine bis dahin verstreut veröffentlichten Gedichte erstmals gesammelt und nach thematischen Aspekten geordnet vorliegen.

Eichendorffs heutiger Nachruhm gründet zum einen auf dem »Taugenichts«, daneben aber vor allem auf seiner Lyrik. Diese beruht auf einem recht überschaubaren Bestand einfacher, aber stimmungsvoller Wörter – Adjektiven wie »lustig«, »anmutig«, »prächtig« oder »still« und (oft im Plural verwendeten) Substantiven wie »Berg«, »Wald«, »Strom« und »Tal« –, die im Leser Assoziationen auslösen, welche sich »keineswegs willkürlich ergeben, denn E.s Bilder entstammen einer jahrtausendealten Tradition. Sie schaffen ein Netz symbolischer Bezüge, die über sich hinausweisen auf eine hinter der empirischen Realität liegende Transzendenz« (Judith Purver: Eichendorff. In: Deutsche Autoren. Vom Mittelalter bis zur Gegenwart. Herausgegeben von Walter Killy. Gütersloh und München: Bertelsmann Lexikon Verlag 1994, Band 2, S. 9). Wolfdietrich Rasch nennt als Motive und Stimmungslagen von Eichendorffs Gedichten: »die heitere Helle des Morgens, das bange Dunkel der Nacht; Wanderlust und Heimatwärme, Reiz der Ferne und Glück der Nähe, Lebensfreude und Todesahnung; die Freudigkeit liebender Vereinigung und der Schmerz der Trennung; Erwartung, Verlassenheit, Jugendlust, Altersmilde; Wehmut und Zuversicht«. Hierzu geselle sich »die Begegnung der Seele mit der Natur und auch hier wieder sind es die Elemente des landschaftlichen Lebens, die einfachen und ewigen Urbestände: die Tageszeiten, die Jahreszeiten, der Wald als geheimnisvolles Dämmerreich, die bunten Felder, das heitere Tal mit dem Schloss darüber, der Garten mit der Blumenpracht; der plätschernde Brunnen, der Fernblick auf blau verdämmernde Berge, Wind, Wolkenzug und Vogelruf.« Aus »diesen einfachen Elementen« füge sich, »jedem vertraut, Eichendorffs lyrische Welt«, in der »Naturdinge und Menschengefühle« eine Sprache sprächen und »im Klangzauber dieser Sprache« das Unsagbare, eine geahnte höhere Ordnung und Harmonie – für Eichendorff, den gläubigen Katholiken: die von Gott geschaffene Welt – vernehmbar werde (a. a. O., S. 1010). Dieser symbolische Gehalt von Eichendorffs Lyrik ist in seinem berühmtesten Gedicht, zugleich einem seiner kürzesten, in »Wünschelrute« (1835), auf exemplarische Weise verdichtet: »Schläft ein Lied in allen Dingen, / Die da träumen fort und fort, / Und die Welt hebt an zu singen, / Triffst du nur das Zauberwort.« Eichendorffs Beschwörung von unberührter Natur und einfachen menschlichen Gefühlen lässt seine Gedichte zeitlos erscheinen; allerdings um den Preis, dass er die moderne Lebenswelt seiner eigenen Zeit ganz ausblendet. Es ist kritisch eingewendet worden, dass er seinen lyrischen Stil nie verändert hat, dass »man seinen Gedichten nicht ansehen kann, ob sie von 1808 oder von 1838 sind« (Hermann Kurzke in der Besprechung einer Eichendorff-Biografie in der »Frankfurter Allgemeinen Zeitung« vom 17. Oktober 2000). Hinzufügen ließe sich, dass er es als Erwachsener immer vorgezogen hat, in Städten zu wohnen. Die Natur und das einfache Leben, das er in seinen Gedichten feierte, war für ihn in erster Linie eine wehmütige Kindheitserinnerung.

Dazu passt, dass Eichendorff in den **1830er-Jahren** immer wieder Entwürfe zu einer Schilderung seines eigenen Lebens macht, diese aber nie tatsächlich in Angriff nimmt. Zu groß wäre wohl auch für sein eigenes Empfinden die Diskrepanz zwischen der Welt seiner Dichtung und der Realität seiner Lebensverhältnisse gewesen. Stattdessen fertigt er Übersetzungen aus dem Spanischen an und schreibt weitere Erzählungen (»Die Entführung«, 1839, »Die Glücksritter«, 1840). Während solche literarischen Arbeiten ihn in den 1820er-Jahren in den Augen der Vorgesetzten noch vor seinen Kollegen ausgezeichnet haben, trifft er in den Dreißigerjahren in Berlin auf einen neuen Typus von Ministerialbeamten, die solche Nebenbeschäftigungen wenig schätzen. Seinen beruflichen Ambitionen schadet sein Schriftstellerdasein nun eher. Zwar wird er Anfang **Februar 1841** – ein gutes halbes Jahr nach der Thronbesteigung des neuen preußischen Königs Friedrich Wilhelm IV. (1795–1861) – zum Geheimen Regierungsrat befördert, eine feste Stelle und eine seinen Fähigkeiten angemessene Aufgabe findet sich aber weiterhin nicht. **Zwischen August 1841 und Februar 1842** erscheint eine erste Gesamtausgabe seiner Werke in vier Bänden.

Im **Frühjahr 1843** erhält Eichendorff den amtlichen Auftrag, »Die Geschichte der Wiederherstellung des Schlosses der deutschen Ordensritter zu Marienburg« zu verfassen. Die Schrift erscheint im Februar des folgenden Jahres. Zu ihrer Abfassung ist Eichendorff wieder nach Danzig gezogen. Von dort reicht er im **August 1843** ein erstes Gesuch um vorzeitige Pensionierung aufgrund von zerrütteter Gesundheit ein. Ein zweites Gesuch folgt im Oktober. **Ende Juni 1844** unterzeichnet der König Eichendorffs Entlassungsurkunde und zum 1. Juli wird der 56-Jährige in den Ruhestand versetzt.

Nachdem er bereits den **Sommer 1845** in Wien und Mähren verbracht hat, folgen Joseph und Luise von Eichendorff der Familie ihrer Tochter Therese, bei der sie aus finanziellen Gründen leben, im **September 1846** nach Wien. Wieder erweist sich, dass Eichendorff hier glücklich sein kann. Er knüpft Kontakte mit dem Archivdirektor des österreichischen Finanzministeriums und erfolgreichen Dramatiker Franz Grillparzer (1791–1872) sowie mit dem Lehrer und Erzähler Adalbert Stifter (1805–1868), lernt den romantischen Komponisten Robert Schumann (1810–1856) und dessen Frau Clara (1819–1896), eine gefeierte Pianistin, kennen und beginnt in der katholisch-konservativen Zeitschrift »Historisch-politische Blätter für das katholische Deutschland«, deren Mitherausgeber der Sohn von Joseph Görres ist, eine Artikelserie »Zur Geschichte der neuern romantischen Poesie in Deutschland« zu veröffentlichen. Im **Juni 1847** kehrt die Familie nach Danzig zurück.

Berlin, Dresden, Berlin und Neisse, 1847–1857

Eineinhalb Jahre später, **Ende 1847**, ziehen die Eichendorffs wieder nach Berlin. Veranlassung ist erneut eine berufliche Veränderung des Schwiegersohns Ludwig von Besser-Dahlfingen (1794–1858), der eine Lehrtätigkeit an der Kadettenschule aufnimmt. Als ein Vierteljahr später in Berlin die **Märzrevolution** ausbricht, weichen die Eichendorffs nach Dresden, und als es auch hier zu Unruhen kommt, weiter nach Meißen und Köthen aus. Erst im **September 1849** kehren sie nach Berlin zurück. Die Revolutionsereignisse verarbeitet Eichendorff in dem Gedichtzyklus »1848« und der Satire »Libertas und ihre Freier«. – 1849 ist auch das Todesjahr des Bruders Wilhelm, mit dem Eichendorff bis ins junge Erwachsenenalter so eng verbunden gewesen ist.

Eichendorffs schriftstellerische Produktion in seinen letzten Lebensjahren teilt sich in weitere literaturgeschichtliche Darstellungen einerseits – »Der deutsche Roman des 18. Jahrhunderts in seinem Verhältnis zum Christentum« (1851), »Zur Geschichte des Dramas« (1854), »Geschichte der poetischen Literatur Deutschlands« (1856) – sowie das damals bereits als nicht mehr recht zeitgemäß empfundene Genre des Versepos andererseits (»Julian«, 1853, »Robert und Guiskard«, 1855, »Lucius«, 1857). **1855** übersiedeln Joseph und Luise von Eichendorff mit der Familie der Tochter nach Köthen und dann nach Neisse. Dort stirbt Luise am Ende des Jahres nach monatelanger schwerer Krankheit. Zwei Jahre später, am **26. November 1857**, folgt ihr Eichendorff in seinem 70. Lebensjahr nach kurzer Krankheit nach.

Literatur

- Joseph von Eichendorff: Aus dem Leben eines Taugenichts. Bibliothek der Erstausgaben. Herausgegeben von Joseph Kiermeier-Debre. München: Deutscher Taschenbuch Verlag 1997, 7. Auflage 2009, S. 142–149 (Daten zu Leben und Werk)
- Joseph von Eichendorff: Werke in einem Band. Herausgegeben von Wolfdietrich Rasch. 3. Auflage. München und Wien: Carl Hanser Verlag 1984, S. 1007–1031 (Nachwort)
- Eichendorff und seine Zeit. Lebensspuren. In: Joseph von Eichendorff: Werke in fünf Bänden. Herausgegeben von Wolfgang Frühwald, Brigitte Schillbach und Hartwig Schultz. Band 2: Ahnung und Gegenwart. Erzählungen I. Herausgegeben von Wolfgang Frühwald und Brigitte Schillbach. Frankfurt am Main: Deutscher Klassiker Verlag 1985, S. 565–577
- Wolfgang Frühwald: Eichendorff-Chronik. Daten zu Leben und Werk. München und Wien: Carl Hanser Verlag 1977
- Hermann Korte: Joseph von Eichendorff. Reinbek bei Hamburg: Rowohlt Taschenbuch Verlag 2000
- Judith Purver: Eichendorff. In: Deutsche Autoren. Vom Mittelalter bis zur Gegenwart. Herausgegeben von Walter Killy. Gütersloh und München: Bertelsmann Lexikon Verlag 1994, Band 2, S. 8–12
- Günther Schiwy: Eichendorff. Ein Biographie. München: Verlag C. H. Beck 2000
- Hartwig Schultz: Joseph von Eichendorff. Eine Biographie. Frankfurt am Main und Leipzig: Insel Verlag 2007

Illustration von Edmund Kanoldt (1845–1904) in einer Ausgabe von Joseph von Eichendorffs Novelle »Aus dem Leben eines Taugenichts«

westermann GRUPPE

Druck A 1 / Jahr 2018
Alle Drucke der Serie A sind im Unterricht parallel verwendbar.
Bildnachweis: akg-images GmbH, Berlin: 2 | Seiler, Prof. Dr. Bernd, Bielefeld: Edmund Brüning 112; Adolph Schrödter 127; Philipp Grotjohann 128; Edmund Kanoldt 149

Redaktion, Satz, Erläuterungen und ›Leben und Werk im Überblick‹: Dr. Hans-Georg Schede, Freiburg

Layout: Yvonne Behnke, Berlin
Druck: westermann druck GmbH, Braunschweig

ISBN 978-3-507-69975-5

Schroedel Interpretationen

ISBN 978-3-507-47705-6

Die »Schroedel Interpretationen« bieten anspruchsvolle, doch verständlich und interessant geschriebene Darstellungen und Deutungen von wichtigen Werken der deutschen Literatur. Dabei liegt ein besonderer Akzent auf der Vermittlung literaturgeschichtlicher Kenntnisse.
Die Bände der Reihe eignen sich besonders zur Vorbereitung auf Referate, Hausarbeiten, Klausuren und Prüfungen. Band 5 hat einen Umfang von 128 Seiten und enthält zahlreiche Abbildungen.

Weitere Bände der Reihe in Auswahl:

Bertolt Brecht: Leben des Galilei
ISBN 978-3-507-47702-5

Georg Büchner: Woyzeck
ISBN 978-3-507-47708-7

Friedrich Dürrenmatt: Die Physiker
ISBN 978-3-507-47712-4

Theodor Fontane: Effi Briest
ISBN 978-3-507-47707-0

Johann Wolfgang von Goethe: Faust I
ISBN 978-3-507-47721-6

Hermann Hesse: Der Steppenwolf
ISBN 978-3-507-47740-7

Franz Kafka: Die Verwandlung
ISBN 978-3-507-47727-8

Gotthold Ephraim Lessing: Emilia Galotti
ISBN 978-3-507-47724-7

Thomas Mann: Der Tod in Venedig
ISBN 978-3-507-47728-5

Friedrich Schiller: Kabale und Liebe
ISBN 978-3-507-47723-0

Inhaltsverzeichnisse und Probeseiten zu allen Bänden der Reihe:
www.schroedel.de/Interpretationen